HERMANN J. BENNING
DAG HAMMARSKJÖLD

Hermann J. Benning

Dag Hammarskjöld
Leben und Profil

VERLAG NEUE STADT
MÜNCHEN · ZÜRICH · WIEN

Der Autor, Hermann J. Benning, Jahrgang 1949, arbeitete nach dem Studium an den Universitäten Nimwegen/Niederlande und Saarbrücken, ab 1980 als Verlagslektor. Seit 1989 ist er freiberuflicher Lektor und Übersetzer in München. Mit Dag Hammarskjöld beschäftigt er sich seit mehr als zwei Jahrzehnten.

2011, 1. Auflage
© Alle Rechte bei Verlag Neue Stadt, München
Umschlaggestaltung und Satz: Neue-Stadt-Graphik
Umschlagfoto: © UN/DPI
Druck: fgb – Freiburger Graphische Betriebe, Freiburg i. Br.
ISBN 978-3-87996-916-6

Inhalt

Erster Teil: SEIN LEBEN 7

Die Familie Hammarskjöld 9
Schulzeit und Studium 16
Karriere in Schweden 19
Die UNO 25
Der neue Generalsekretär 30
Die China-Mission 1955 41
Pulverfass Naher Osten 45
Der Volksaufstand in Ungarn 1956 47
Die Suezkrise 1956 51
Hammarskjölds Wiederwahl 1957 55
Bemühungen um Abrüstung 57
Die Libanonkrise 1958 59
Der Laoskonflikt 61
Die Bisertakrise 63
Die Kongokrise 64
Hammarskjölds Tod 70
Person und Ethos 76

Inhalt

Zweiter Teil: SEIN TAGEBUCH 85

Der literarische Befund 86
Zur Rezeption des Buchs 98
Der Stachel der Einsamkeit 102
Die Linse im Lichtstrom 113
Die sorgfältig angelegte Maske 118
Membrane der Stille 123
Der Tod mit am Tisch 126
Das Segel im Sonnensturm 133
Die Gebete im Tagebuch 145

Nachwort 155
Quellenhinweise 157

Erster Teil
SEIN LEBEN

Als Generalsekretär der Vereinten Nationen in der turbulenten Zeit des Kalten Krieges ist der Schwede Dag Hammarskjöld in die Weltgeschichte des 20. Jahrhunderts eingegangen. Im Dienst der internationalen Gemeinschaft wurde er, der beide Weltkriege miterlebt hatte, zum Friedensstifter und Wegbereiter einer neuen Zivilisation. Am Beginn und Ende seiner Jahre in der UNO stehen zwei markante Daten der deutschen Geschichte: Zwei Monate nach seinem Amtsantritt wurde am 17. Juni 1953 der Aufstand der Arbeiter in Ostberlin gewaltsam unterdrückt. Mit dem Bau der Berliner Mauer am 13. August 1961 wurde die deutsche Teilung zementiert und schloss sich der Eiserne Vorhang für fast drei Jahrzehnte. Hammarskjöld kam bei einem Flugzeugabsturz auf einer Friedensmission in Afrika am 18. September 1961 kurz nach Mitternacht Ortszeit ums Leben.

Dag Hammarskjöld war ein Weltbürger, Politiker und hochsensibler Intellektueller. Er führte ein intensives geistliches Leben, was erst 1963 nach der Veröffentlichung seiner Tagebuchaufzeichnungen bekannt wurde. Schon als junger Mann hatte er aus innerer Überzeugung eine Lebensentscheidung getroffen, aus der er in gesellschaftlicher und politischer Verantwortung seinen Dienst wahrnahm.

Er sah sich persönlich in der Pflicht; aus seinem inneren Ja schöpfte er Kraft und Entschlossenheit. Sein Leben ist Zeugnis glaubwürdigen Menschseins – in Erfolgen und Momenten der Freude, aber ebenso in bitteren Stunden und Anfeindungen.

Sein Wirken ist gekennzeichnet von einer anspruchsvollen Ethik des Dienens, die bereits in seiner Erziehung im Elternhaus grundgelegt war. Mit den Jahren festigte er seine Überzeugungen durch Einsichten aus vielen Erfahrungen, durch Begegnungen mit geistig führenden Persönlichkeiten seiner Zeit und nicht zuletzt durch gezielte Auswahl seiner Lektüre, Reflexion und Gebet. So vermochte er sich den vielfältigen Herausforderungen zu stellen, die er als Mensch und Politiker zu bewältigen hatte.

Als Generalsekretär der Vereinten Nationen gewann er weltweit hohes Ansehen, das auch der Weltorganisation zugutekam, für die er achteinhalb Jahre tätig sein konnte. Eines seiner großen Verdienste besteht darin, dass er diesem Amt klare Konturen gab, indem er es persönlich ausgestaltete und etablierte. Dabei hat er Maßstäbe gesetzt: Einer seiner Nachfolger, der ghanaische Friedensnobelpreisträger Kofi Annan, würdigte ihn in einer Gedenkrede zum 40. Todestag als jemanden, der wie kein anderer die Erwartungen an die Rolle des Generalsekretärs und seiner Organisation geprägt habe. Im Blick auf die Bewältigung von Krisen und Konflikten könne es für einen Generalsekretär der Vereinten Nationen keine bessere Methode geben, als sich zu fragen: „Wie hätte Hammarskjöld gehandelt?"

Als Friedensvermittler und Krisenmanager setzte sich Hammarskjöld mit allen Kräften ein; die Menschheit hat ihm zu verdanken, dass es nicht zu einem Dritten Weltkrieg kam. Dabei kannte er auch herbe Enttäuschungen, Verleumdungen, tiefe innere Verletzungen und eine lange dauernde persönliche Einsamkeit. Die schmerzlichen Erfahrungen behielt er zeitlebens für sich, er rang damit allein und hielt den Herausforderungen stand, blieb darin bis am Ende immer ein Fragender. Aus menschlicher Sicht ist sein früher Tod eine Tragödie, doch sein Lebenswerk ist ein bleibendes Vermächtnis. Die Vereinten Nationen sah Hammarskjöld nicht in erster Linie als eine Organisation für Staaten, sondern für die in ihnen lebenden Völker und Menschen. Für viele, besonders in den Entwicklungsländern, wurde er zu einem Hoffnungsträger, zumal sein Engagement auch der Bekämpfung von Armut, Hunger, Krankheiten und Analphabetismus in der Welt galt. Was er für die Neuordnung und Zukunft einer menschenwürdigen Weltgemeinschaft geleistet hat, bleibt wegweisend für das 21. Jahrhundert und die kommenden Generationen.

DIE FAMILIE HAMMARSKJÖLD

Dag Hammarskjöld entstammte einer in Schweden hoch angesehenen adeligen Familie, in der es über Jahrhunderte Tradition war, in Staat, Gesellschaft und Kirche, Wissenschaft und Wirtschaft zu dienen. Am Südrand des Vättersees liegt die Stadt Jönköping, bis vor einigen

Jahrzehnten das Zentrum der schwedischen Zündholzindustrie. Dort kam Dag in der Villa Liljeholmen im gleichnamigen Stadtteil am 29. Juli 1905 zur Welt. Er war der jüngste von vier Söhnen des Ehepaares Agnes, geb. Almqvist, und Hjalmar Hammarskjöld. Seine Eltern hatten sich 1884 kennengelernt und sechs Jahre später geheiratet. Sein Vater (1862–1953) war im Stammsitz der Hammarskjölds geboren, dem kleinen Gut Tuna ganz nahe bei Vimmerby, dem Geburtsort der Schriftstellerin Astrid Lindgren in der südschwedischen Provinz Småland.

Die mittlerweile gründlich erforschte Ahnengeschichte der Familie reicht zurück bis zu dem Rittmeister Peder Michelsson (um 1560–1640), der Oberst und Statthalter von Öland wurde. König Karl IX. hatte ihn 1610 für seine Verdienste ums Vaterland geadelt und ihm das kleine Rittergut Tuna mit drei weiteren ländlichen Anwesen in der Umgebung geschenkt; dazu bekam er den Adelsnamen Hammarskjöld und das Familienwappen mit zwei überkreuzten Hämmern auf weißem Schild; es setzt den neuen Namen der Familie heraldisch ins Bild. „Nennen Sie mich Hämmerschild", so antwortete Hammarskjöld einmal einem englischsprachigen Journalisten auf die Frage, wie man seinen Namen aussprechen müsse.

Viele Nachfahren des adeligen Rittmeisters machten in den vergangenen vier Jahrhunderten Karriere im Staatsdienst, als Politiker und Diplomaten, ranghohe Offiziere, Wissenschaftler und Industriemanager. Die Hammarskjölds übernahmen Verantwortung für ihr Land und gehörten zur Elite Schwedens. Auch Dags Vater und seine drei Brüder standen in dieser Tradition: Sein ältester Bruder Bo (1891–1974) arbeitete als Jurist im Range eines Staatssekretärs im Sozialministerium und regierte danach 23 Jahre die historische Provinz Södermanland in Mittelschweden. Sein Bruder Åke (1893–1937) wurde ebenfalls Jurist und Diplomat; als er 44-jährig starb, war er seit einem Jahr Richter am Ständigen Internationalen Gerichtshof des Völkerbundes in Den Haag. Der Journalist Sten Hammarskjöld (1900–1972) verklagte 1965 erfolgreich Presseorgane wegen Verleumdung seines Bruders, weil sie den Verdacht in die Welt gesetzt hatten, dieser habe seinem Leben selbst ein Ende gesetzt. Der Bruder des Vaters, ihr Onkel Carl Gustaf (1865–1940), war am Ende seiner beruflichen Laufbahn General und Stabschef der schwedischen Armee.

Ihr Vater, Hjalmar Hammarskjöld, hatte an der traditionsreichen Universität Uppsala Jura und Philosophie studiert. Der junge Wissenschaftler arbeitete danach als Dozent für Zivilrecht an der dortigen Hochschule, ab 1891 als Lehrstuhlinhaber. So wohnte das junge Ehepaar Hammarskjöld zunächst in der einstigen königlichen Residenzstadt nördlich von Stockholm. Als er 1895 in den Dienst des Justizministeriums berufen wurde, übersiedelte die Familie mit den bereits geborenen Söhnen Bo und Åke nach Stockholm. Hjalmar Hammarskjöld qualifizierte sich auch im Völkerrecht und machte weiter Karriere: Als parteiloser Konservativer wurde er 1901 Justizminister und war ab 1904 Mitglied des Haager Schiedshofs. Nach dem gescheiterten Versuch einer Wahlrechtsreform schied er bereits 1902 aus dem Kabinett aus und wurde Präsident des Appellationsgerichts von Götaland für ganz Südschweden in Jönköping, wo Dag 1905 zur Welt kam. Am Tag seiner Geburt weilte sein Vater in Stockholm. Er wurde eine Woche später zum Kultusminister ernannt und leitete damals als Experte für Internationales Recht die Verhandlungen über die Auflösung der schwedisch-norwegischen Union, die noch im gleichen Jahr erfolgte. Dags Taufe wurde wegen der Abwesenheit seines Vaters aufgeschoben; erst zwei Monate nach seiner Geburt wurde er auf die Namen Dag, Hjalmar, Agne und Carl getauft. Der altnordische Vorname Dag ist dem Wortstamm nach verwandt mit „Tag" (schwedisch *dag*), was ursprünglich „Zeit, da die Sonne brennt" bedeutet.

Als sein Vater 1906 Gesandter und kurz darauf Generalkonsul an der schwedischen Botschaft in Kopenhagen wurde, lebte die Familie in der dänischen Hauptstadt. Dieser Aufenthalt währte aber nur kurz, denn im nächsten Jahr trat Hjalmar an die Spitze der Regierung der Provinz Uppsala, was er als persönliche Auszeichnung empfand. Die schwedische Amtsbezeichnung *landshövding* entspricht dem heute noch in Österreich und Südtirol gebräuchlichen Titel „Landeshauptmann"; in früheren Zeiten waren das in Schweden die Statthalter des Königs. Sein Amtssitz war das alte Wasa-Schloss in Uppsala, wo Dag einen Großteil seiner Kindheit und Jugend verbrachte und das ihm zur Heimat wurde. Dags Vater war ein konservativer Intellektueller, loyal zur schwedischen Krone, bestimmt im Auftreten und sehr reserviert. Manche in Uppsala nannten ihn den „Einsiedler auf dem Schloss". Befreundet war er mit Nathan Söderblom, damals Professor für Religionsgeschichte und Kollege an der Universität Uppsala, später Wegbereiter der ökumenischen Bewegung und Friedensnobelpreisträger.

Während des Ersten Weltkriegs, von 1914 bis 1917, stand Hjalmar Hammarskjöld als Ministerpräsident Schwedens an der Spitze einer Beamtenregierung, die König Gustav V. eingesetzt hatte. Wegen der unnachgiebigen Durchsetzung einer Lebensmittelrationierung wurde er von Landsleuten als „Hungerskjöld" beschimpft. 1918 wurde der Gelehrte durch die Aufnahme in die Schwedische Akademie geehrt, zu deren Aufgabe auch die Verleihung der Nobelpreise für Literatur gehört. Von 1923 bis 1938 war er Abgeordneter im Schwedischen Reichstag und leitete von 1929 bis 1947 die Nobel-Stiftung. Hjalmar Hammarskjöld starb 1953 im hohen Alter von 91 Jahren, sechs Monate nach dem Amtsantritt seines Sohnes als Generalsekretär der Vereinten Nationen. Als Kind und Jugendlicher profitierte Dag von den Kontakten seines Vaters mit führenden Intellektuellen; von ihm selbst übernahm er ein ausgeprägtes Verantwortungs- und Pflichtbewusstsein, Selbstdisziplin und unbeirrtes Festhalten an persönlichen Überzeugungen im Reden und Handeln. Die bisweilen autoritäre Strenge und Zurückhaltung seines Vaters in der Äußerung von Gefühlen wirkten auch auf Dag, der sich dafür umso stärker mit seiner Mutter verbunden fühlte.

Seine Mutter Agnes (1866–1940) war in Stockholm geboren und aufgewachsen. Ihr Vater, ein Halbbruder des Schriftstellers Carl J. L. Almqvist, verantwortete im Staatsdienst den schwedischen Justizvollzug. Der älteste bekannte Vorfahre ihrer Familie war ein kirchlicher Würdenträger, der Superintendent Abraham Almqvist (1699–1760).

Da Agnes' Mann beruflich vielseitig beschäftigt und häufig unterwegs war, führte sie besonnen Regie im Haus. Güte, Rechtschaffenheit und der Glaube an Gott zeichneten sie aus; dies vermittelte sie auch ihren Söhnen, ebenso wie Toleranz aus Respekt vor der Würde jedes Menschen. In ihrer liebenswürdigen, herzlichen Art schenkte sie den Kindern mütterliche Zuneigung und Geborgenheit.

Ganz im Gegensatz zu ihrem Mann war Agnes ausgesprochen kontaktfreudig. In ihren freien Stunden schrieb sie gern Briefe; sie interessierte sich besonders für Literatur und las viel in ihrer Freizeit. Ihre persönlichen Verdienste für die Zivilgesellschaft würdigte König Gustav V. 1930 mit einem hohen Orden. Zehn Jahre danach starb sie und wurde in Sigtuna bestattet. Zu Dags Konfirmation 1921 hatte sie ihm „Die Nachfolge Christi" des Thomas von Kempen geschenkt; diesen Klassiker der geistlichen Weltliteratur, lange Zeit das nach der Bibel meistgelesene Buch, fand man nach seinem Tod in jenem Zimmer in der kongolesischen Hauptstadt Léopoldville (heute Kinshasa), wo er seine letzte Nacht verbracht hatte.

Anlässlich der Übernahme des Amtes als Generalsekretär der Vereinten Nationen äußerte sich Hammarskjöld öffentlich über seine Herkunft: Generationen von Militärs und Staatsbeamten väterlicherseits hätten ihm als Erbe die Überzeugung hinterlassen, dass „es kein erfüllteres Leben gibt, als dem eigenen Land beziehungsweise der Menschheit uneigennützig zu dienen". Solches Dienen erfordere Verzicht auf alle persönlichen Interessen, zugleich aber auch Mut, entschieden für das einzutreten, wovon man selbst überzeugt sei. Gelehrte und Geistliche aus der Familie seiner Mutter hätten ihm den Glauben vermittelt, dass „im radikalen Verständnis der Evangelien" alle Menschen als Geschöpfe Gottes mit der gleichen Würde ausgestattet sind, was auch das menschliche Miteinander bestimmen und prägen müsse. Die hier von Hammarskjöld genannten Aspekte, soziale Verantwortung übernehmen, dienen, Achtung der Menschenwürde, Zivilcourage und Entschiedenheit, waren maßgeblich für sein persönliches Leben wie für sein Wirken in Politik und Gesellschaft.

In Briefen seiner Familie aus der Zeit seiner Kindheit wird Dag als „bescheidener lieber Junge" beschrieben. Seine Brüder und er konnten sich unbeschwerter Kinderjahre erfreuen. In einer seiner Tagebuchaufzeichnungen aus dem Zeitraum 1945–1949 zitiert Hammarskjöld drei Sätze aus einem Nachruf, in denen er sich offenbar wiederfand: „Wir Geschwister waren so glücklich zu Hause. Noch erinnere ich mich der Weihnachtstage, an denen wir alle beisammen waren. Wer konnte damals glauben, dass das Leben so verworren werden würde?"

Schon als Kind hatte Dag Freude an der Schönheit und den Wundern der Natur; er sammelte Schmetterlinge und ausgestopfte Tiere. Mit Pflanzen, die er zum Konservieren trocknete und presste, legte er sich ein kleines Herbarium an. Auch später in seinem Leben nahm er immer wieder gern die Gelegenheit wahr zu Ausflügen, Wanderungen oder Skitouren in den weiten unberührten Wald- und Bergregionen Schwedens, öfter auch in Lappland. Er war nie ein typischer Gipfelstürmer, konnte aber einmal einem im Gebirge Abgestürzten das Leben retten. Ein Arbeitskollege aus der Zeit im schwedischen Finanzministerium berichtete später, er habe sich darüber gewundert, wie Hammarskjöld nach einer anstrengenden Woche gelegentlich den Nachtzug gen Norden nahm, am nächsten Morgen ausstieg, den ganzen Tag allein wanderte und dann am Montagmorgen sichtlich erholt wieder an seinem Schreibtisch saß. Auf manchen Touren fotografierte er faszinierende Landschaftsbilder, die von seiner einfühlsamen Wahrnehmung natürlicher Schönheit zeugen, ebenso seine späteren Aufnahmen der Himalaja-Gipfel aus einem Flugzeug. Der Naturschutz blieb ihm zeitlebens ein leidenschaftliches Anliegen, für das er sich aktiv engagierte; von 1946 bis 1951 führte er den Vorsitz im Schwedischen Alpinclub.

Schulzeit und Studium

Dag besuchte ab 1911 eine Privatschule in der schmucken kleinen Villa Totembo im vornehmsten Viertel Uppsalas. In einem Brief an seine Mutter schrieb eine seiner Lehrerinnen über ihren Schüler, es mache ihr Freude, ihn zu unterrichten, und er lerne leicht. Dabei kamen ihm seine Begabung, seine Wissbegierde und sein ausgesprochener Fleiß zugute; er war zielstrebig, aber kein Streber. Ein ehemaliger Mitschüler sagte später über ihn, er sei ein freundlicher und hilfsbereiter, aber zurückhaltender Kamerad gewesen. Von 1916 an war er Schüler der Allgemeinen Höheren Lehranstalt in Uppsala, heute als städtisches Gymnasium mit 1200 Schülern von den Einwohnern kurz „Katte" (Kathedralschule) genannt. Seine Lieblingsfächer waren Geschichte, Schwedisch und Gemeinschaftskunde. Er bestand 1923 die Reifeprüfung mit acht großen A, fünf kleinen a und einem B im Fach Leibesübungen, nach dem seinerzeit üblichen Bewertungssystem schwedischer Schulen von der Bestnote A bis F.

Nach dem glänzenden Abitur unternahm er eine Reise ins englische Cambridge und immatrikulierte sich dann an der Universität seiner Heimatstadt Uppsala. Er studierte zunächst Literaturgeschichte und Philosophie, aber auch die französische Sprache. Schon zwei Jahre nach Studienbeginn legte er das Kandidatenexamen in Philosophie ab, das dem heutigen Bachelor gleichkommt. Anschließend widmete er sich dem Studium der Volkswirtschaft, belegte gleichzeitig Vorlesungen in Soziologie und studierte in der Tradition seiner Familie auch Rechtswissenschaft. 1930 schloss er das Jurastudium ebenfalls mit dem Kandidatenexamen ab. Im Fachbereich Wirtschaftswissenschaften hatte er bereits zwei Jahre zuvor das Lizenziat in Philosophie erworben, dem heutigen Master entsprechend.

Der junge Wissenschaftler übersiedelte nach Stockholm und schrieb dort zum Abschluss seiner akademischen Ausbildung ab 1930 an seiner Doktorarbeit. Die Folgen der ersten großen Weltwirtschaftskrise waren zu jener Zeit auch in Schweden zu spüren mit steigenden Arbeitslosenzahlen, wirtschaftlichen und sozialen Problemen. 1932 kamen die

Sozialdemokraten an die Macht: Die neue schwedische Regierung reagierte auf die Krise ordnungspolitisch im Sinne keynesianischer Wirtschaftslenkung mit staatlichen Beschäftigungsprogrammen und Subventionen für die Landwirtschaft. Von 1930 bis 1934 arbeitete der Doktorand nebenher als Sekretär in einem 1927 gegründeten staatlichen Komitee zur Bewältigung der Arbeitslosigkeit; dazu verfasste er eigene wissenschaftliche Studien, die in Fachzeitschriften veröffentlicht wurden.

Die Sozialdemokraten konnten schon bald wichtige Reformen durchsetzen; so wurde ab 1935 auch in Schweden die Arbeitslosenversicherung eingeführt, eine der Säulen des modernen Sozialstaats.

Aktuell zur wirtschaftlichen Notlage seines Landes analysierte Hammarskjöld in seiner Dissertation theoretische Möglichkeiten einer Konjunkturbelebung, die er historisch begründete. Dabei orientierte er sich an dem 1930 veröffentlichten Werk *Treatise on Money* (dt. Titel: Vom Gelde) des Briten John Maynard Keynes, setzte aber eigene Akzente. Für Hammarskjöld standen Marktpreisbildung und Kaufkraft als Konjunkturmotoren im Vordergrund; seine Thesen untermauerte er detailliert mit teilweise selbst erarbeiteten Statistikmodellen. Im November 1933 verteidigte er seine Arbeit in einer öffentlichen akademischen Zeremonie an der Stockholmer Hochschule für Nationalökonomie. Dabei kam es zu einer Auseinandersetzung mit seinem Doktorvater, dem Wirtschaftstheoretiker Gunnar Myrdal; wie andere Mitstreiter der sogenannten „Stockholmer Schule" vertrat dieser eher eine auf staatliche Subventionsprogramme setzende Konjunkturpolitik. Der ehrgeizige Doktorand bekam jedenfalls nicht die Bestnote, die er sich für seine Mühen erwartet hatte. Ein Kuriosum am Rande dieser Veranstaltung: Als Erster brach er selbstbewusst mit der Konvention, dass ein Ökonom zu solchem Anlass einen Frack zu tragen hatte. Als Doktor der Philosophie in Wirtschaftswissenschaften – in Schweden kommt das Doktorat einer Habilitation gleich – hatte er nun die Befähigung für das Lehramt an Hochschulen in Schweden.

Karriere in Schweden

Der hoch qualifizierte Volkswirt dozierte ab 1934 an der Stockholmer Hochschule für Nationalökonomie und kam in seinem Heimatland in seiner beruflichen Laufbahn alsbald weiter voran. Schon 1932, noch mit seiner Doktorarbeit befasst, arbeitete er nebenher als Assistent des Finanzministers Ernst Wigforss, eines Vordenkers der schwedischen Sozialdemokratie. Von 1936 bis 1945 war Hammarskjöld Staatssekretär im Finanzministerium; nie zuvor war einem Schweden in so jungen Jahren ein so hohes Amt übertragen worden. In den Jahren 1935 bis 1941 fungierte er zudem als Sekretär in der Schwedischen Reichsbank, in enger Zusammenarbeit mit dem damaligen Reichsbankdirektor Ivar Rooth, der in den 50er-Jahren Chef des Internationalen Währungsfonds in Washington wurde. Von 1941 bis 1948 war Hammarskjöld neben seiner Tätigkeit im Finanz- und später im Außenministerium gleichzeitig Vorstandssprecher der Schwedischen Reichsbank, erstmalig in einer solchen Doppelfunktion. Als einer der führenden Ökonomen Schwedens hatte Dag Hammarskjöld im Laufe der Jahre auch maßgeblichen Einfluss auf die von den Wirtschaftstheoretikern Erik Lindahl, Gunnar Myrdal und Bertil Ohlin gegründete „Stockholmer Schule". Myrdal selbst war ab 1947 ein Jahrzehnt lang Vorsitzender der UNECE (*United Nations Economic Commission for Europe*). Als Finanzexperte kam Hammarskjöld 1946 ins Außenministerium. Schon seit 1937 war er Mitglied des schwedischen Instituts für Konjunkturentwicklung, eine Tätigkeit, die er bis 1948 ebenfalls nebenberuflich ausübte.

Ökonomisch war Hammarskjöld ein Befürworter der sozialdemokratischen Wirtschafts- und Finanzpolitik, die wesentlichen Einfluss auf die Entwicklung des seinerzeit mustergültigen Sozialsystems in Schweden hatte. Das exportstarke Land wurde in den zweieinhalb Jahrzehnten nach dem Zweiten Weltkrieg eine der wohlhabendsten Nationen der Erde und war so in der Lage, einen vorbildlichen Wohlfahrtsstaat zu finanzieren, der den schwedischen Bürgern eine solide soziale Absicherung bescherte. In den Jahren 1949 bis 1951 war Hammarskjöld Kabinettssekretär im Außenministerium, dann in der Ära des Sozialdemokraten Tage Erlander Regierungsberater im Ministerrang. In seiner Zuständigkeit lagen vor allem Fragen der internationalen Finanzpolitik; gleichzeitig wurde er stellvertretender Außenminister. Dabei lernte Hammarskjöld schon früh die Machtspiele auf internationalem Parkett im beginnenden Kalten Krieg nach 1945 kennen. Beispielsweise wurde er einmal in die US-Botschaft eingeladen, wo die Amerikaner vergeblich versuchten, ihn zu bewegen, sich für den Anschluss Schwedens an einen Handelsboykott der USA gegen die Ostblockländer einzusetzen.

Obwohl Hammarskjöld in mehreren sozialdemokratischen Regierungen mitgewirkt hatte, wurde er nie Parteimitglied. Dies hat er persönlich weder in der Öffentlichkeit noch in seinem Tagebuch je begründet. Er war ein aufgeschlossener Demokrat, in dessen politischer Orientierung die soziale Marktwirtschaft mit ihren Grundpfeilern Freiheit, Eigenverantwortung, Solidarität und Subsidiarität im Vordergrund stand. Politische Parteien sind bekanntlich gemeinsame Interessenvertretungen mehr oder weniger großer Teile der Bevölkerung, die in der Regierungsverantwortung Minderheiten und dem Einzelnen nur bedingt gerecht werden können. Hammarskjöld jedoch war an einem gesellschaftlichen Leben gelegen, in dem die berechtigten Interessen Andersdenkender möglichst gewahrt würden. Wahrscheinlich liegt hier der Grund dafür, dass er sich nie einer Partei anschloss. Grundsätzlich sah er aber in der Sozialdemokratie, ihrer Haushalts- und Verteilungspolitik die größte Schnittmenge mit seinen Auffassungen und seinem Denken verwirklicht. Wohl deshalb befürwortete und vertrat er diese Politik, ohne der Partei selbst beizutreten.

Ein Konservativer war er in der Verteidigung jener Werte, die für das Leben der Menschen nicht nur als Sozialwesen, sondern auch als Individuen mit persönlichen Rechten grundlegend sind. Den fortschreitenden Werteverfall in der Gesellschaft beobachtete er mit Sorge, er empfand diese

Entwicklung als Katastrophe und fatal im Blick auf die Zukunft; ebenfalls beunruhigte ihn der immer weiter um sich greifende Atheismus mit seinen negativen Auswirkungen auf das gesellschaftliche Zusammenleben und auf Einzelne. Hammarskjölds Verständnis staatlicher Bürokratie und öffentlicher Verwaltung war von einem ganzheitlichen Denken geprägt: Der Staat sollte den Prinzipien der Solidarität und Subsidiarität gemäß für all seine Bürger sorgen, sie vor den Auswüchsen egoistischer Machtinteressen schützen und die für die Zivilgesellschaft grundlegenden Werte auf keinen Fall preisgeben. Im politischen Handeln lag ihm stets an Ausgewogenheit zwischen Tradition und Neuerungen, zwischen dem, was sich in der Vergangenheit bewährt hatte, und notwendigen Reformen in der jeweiligen Zeit. Traditionsverbundenheit verstand Hammarskjöld nicht als Bewahrung der Asche, sondern als Festhalten an überlieferten, für ihn unveräußerlichen Grundwerten.

Wissenschaftlich und fachlich verfügte er über enorme Kompetenz in unterschiedlichen Bereichen und ein differenziertes Urteilsvermögen. In seinem Handeln vertrat und verteidigte er begründete, reichlich durchdachte Positionen; er war kein politischer Hasardeur, aber wagte viel, wenn es ihm geboten schien.

Eine besondere Würdigung und Anerkennung seiner Leistungen als Wissenschaftler erfuhr er 1954 in seinem Heimatland durch die Aufnahme in die Schwedische Akademie in der Nachfolge seines Vaters. Während seiner Tätigkeit für die Vereinten Nationen wurde er mit Ehrendoktorwürden zahlreicher renommierter Universitäten ausgezeichnet, darunter Oxford in England, Harvard, Princeton und Yale in den USA sowie Uppsala, seiner Heimatstadt.

Seine Einstellung zum überlieferten Wertesystem, die sich im Laufe der Jahre festigte, stand in der Tradition des Lebens seiner Familie. Wesentlich gefördet haben dies auch die zahlreichen Kontakte mit namhaften Denkern und Persönlichkeiten seiner Zeit. In seiner Lektüre beschäftigte er sich intensiv mit Grundfragen der menschlichen Existenz, die auch den Inhalt seines Tagebuchs wesentlich bestimmen. In seinen offiziellen Reden finden sich Zitate vieler bedeutender Schriftsteller dieses Genres der Literatur; er konnte vieles auswendig zitieren und hatte jederzeit zahlreiche schwedische, aber auch fremdsprachige Gedichte im Gedächtnis parat.

Bevor Hammarskjöld sein Amt in New York antrat, bewegte er sich bereits seit fast einem Jahrzehnt für Schweden auf internationalem Parkett: Von 1944 bis 1948 nahm er als schwedischer Delegierter an den Wirtschaftsverhandlungen seines Landes mit Großbritannien und den USA teil. Bis 1953 war er Mitglied der schwedischen Delegation der Organisation für europäische wirtschaftliche Zusammenarbeit (OEEC, *Organization for European Economic Cooperation*) und ein Jahr stellvertretender Sprecher in dessen Exekutivkomitee. Dieser Wirtschaftsrat war 1948 im Blick auf den wirtschaftlichen Wiederaufbau Europas gegründet worden; auf seiner Tagesordnung stand damals der Marshall-Plan der USA, die gezielte finanzielle Förderung der westeuropäischen Länder mit dem Ziel ihrer Westbin-

Erster Teil: SEIN LEBEN

dung. Dies führte zu einer Verhärtung der Fronten im Kalten Krieg, zumal Gelder aus dem Marshall-Plan auch dem den Sowjets abtrünnig gewordenen Jugoslawien zuflossen. Durch den Beitritt der USA und Kanadas im Jahr 1961 wurde dieser Wirtschaftsrat zur OECD (Organisation für witschaftliche Zusammenarbeit und Entwicklung).

In den Jahren 1950 bis 1953 leitete Hammarskjöld die schwedische Delegation in der UNISCAN zur Förderung der Handelsbeziehungen der skandinavischen Länder mit Großbritannien. Während des 6. und 7. UNO-Gipfels stand er an der Spitze der schwedischen Delegierten, 1951 als stellvertretender Leiter und 1952 als Delegationschef. Aber im Besonderen durch seine Mitwirkung in der OEEC erwarb er sich in Diplomatenkreisen und unter Wirtschaftspolitikern international Ansehen. Für seinen weiteren beruflichen Werdegang war dies mit entscheidend, denn an den OEEC-Konferenzen nahmen neben vielen einflussreichen Politikern auch diplomatische Vertreter der Vereinten Nationen teil.

Hammarskjölds Zeit in Schweden bis 1953 mutet an wie eine einzige Erfolgsgeschichte, die dann durch die Berufung zum Generalsekretär der UNO gewissermaßen gekrönt wurde. Sein Tagebuch hingegen offenbart, dass sein Leben schon als Student von einem inneren Ringen gezeichnet war, dem er sich bewusst stellte. Auf diesem ganz persönlichen Weg ist er weit gegangen und gekommen, vor allem in den acht letzten Lebensjahren seiner Tätigkeit für die Vereinten Nationen. Diese letzte Phase führte ihn in neue Dimensionen politischen Wirkens und persönlicher Lebenserfahrung. Sie bescherte ihm beruflich Hürden von ganz anderer Tragweite, brachte aber auch eine nachhaltige innere Wende mit sich.

Von dieser geistlichen Dimension seines Lebens zeugt sein nach seinem Tod in den 60er-Jahren veröffentlichtes Tagebuch, auf das unten näher eingegangen wird (S. 85ff). In diesen Aufzeichnungen schimmert ein beginnender innerer Wandel schon vor seinem Amtsantritt in New York ein wenig durch; deutlicher erkennbar wird er in den beiden Einträgen zum Jahreswechsel 1953 und dann am Neujahrstag 1954. Da kommentiert er seine in jener Zeit übliche Einleitung seiner Tagebucheinträge zum Jahresbeginn („Bald naht die Nacht …") anders als in den Jahren zuvor; die leicht resignierend anmutenden Untertöne sind geschwunden. Dieser Wandel hat seine letzten Jahre geprägt.

Die UNO

In weiten Teilen der Welt hatte der Zweite Weltkrieg unermessliches Leid, Chaos und Zerstörung hinterlassen; die Apokalypse des Bösen hatte über 55 Millionen Menschen das Leben gekostet. In der Zeit danach wurden die Karten in der Weltpolitik neu gemischt, und die internationale Lage veränderte sich grundlegend. Gleich nach dem Sieg der Alliierten wurden auf der Potsdamer Konferenz erste Weichen gestellt; der Frieden war eine Verhandlungsmasse der Mächtigen, und bereits in Potsdam kam es zu Differenzen zwischen Ost und West über die Besatzungspolitik, die den Beginn des Kalten Krieges markierten. Eine Woche danach warfen die Amerikaner ihre Atombomben über Hiroshima und Nagasaki ab. Ein gigantisches Wettrüsten setzte ein, und die Entwicklung der Kernwaffentechnik wurde vorangetrieben. Im Sommer 1949 zündeten auch die Sowjets ihre erste Atombombe, Großbritannien im Oktober 1952.

Zur Aufrechterhaltung des Weltfriedens wurden 1945 die Vereinten Nationen ins Leben gerufen. Vorläufer waren der Weltfriedenskongress 1891 in Rom, die beiden Haager Friedenskonferenzen in den Jahren 1899 und 1907 sowie der nach dem Ersten Weltkrieg im April 1919 gegründete Völkerbund. Hauptziel der UNO war und ist die Bewahrung des Friedens, vor allem der Schutz kommender Generationen „vor der Geißel des Krieges" durch Verbesserung der wirtschaftlichen, sozialen, kulturellen und humanitären Zusammenarbeit weltweit. Fakt ist jedoch, dass seit 1945 bis in die Gegenwart in der Welt etwa 315 Kriege geführt wurden, die Schätzungen zufolge abermals insgesamt an die 100 Millionen Menschen das Leben gekostet haben.

Zum Abschluss einer Konferenz in San Francisco wurde am 26. Juni 1945 die UN-Charta von 50 Gründungsstaaten unterzeichnet; Polen wurde etwas später 51. Gründungsmitglied. Diese Verfassung der Vereinten Nationen trat am 24. Oktober in Kraft. Im Prinzip kann jedes Land, das sich für den Frieden in der Welt einsetzen will, auf Empfehlung des Sicherheitsrats Mitglied werden; derzeit sind 192 Staaten der Erde der UNO angeschlossen. Sie hatte zunächst

Büros im *Empire State Building* in New York und bezog dann ihr Hauptquartier in dem 1950 fertiggestellten, für die damalige Zeit supermodernen gläsernen Wolkenkratzer, der wie ein überdimensionaler Dominostein am East River in Manhattan in den Himmel ragt.

Ihr wichtigstes Organ ist der Weltsicherheitsrat mit 15 Mitgliedern (bis Ende der 60er-Jahre waren es nur elf), davon fünf ständige, die das entscheidende Gremium bilden. Zur Zeit Hammarskjölds waren die USA, die Sowjetunion, Frankreich, Großbritannien und die kleine Republik China (Formosa, später Taiwan) ständige Mitglieder. Sie haben ein Vetorecht, von dem bis 1984 die Sowjetunion am meisten Gebrauch machte; allein bis 1961 legten die Sowjets 95 Vetos ein. Seit Mitte der 80er-Jahre haben die USA dieses Recht am häufigsten in Anspruch genommen. Zu den weiteren wichtigen Organen der UNO gehören die Generalversammlung, die normalerweise mindestens einmal jährlich zusammentritt, und nicht zuletzt das Generalsekretariat, dessen Aufgaben in den Artikeln 97–101 der Charta der Vereinten Nationen geregelt sind.

Gegenwärtig gehören zur UNO insgesamt 19 Sonderorganisationen, darunter die UNESCO für Erziehung, Wissenschaft und Kultur in Paris, die Weltgesundheitsorganisation WHO in Genf, die Welternährungsorganisation FAO in Rom sowie der Internationale Währungsfonds mit der Weltbank-Gruppe. Das Ganze wird vom Wirtschafts- und Sozialrat ECOSOC mit vielen Fachkommissionen koordiniert, ebenso die weiteren Unterorganisationen sowie viele Nichtregierungsorganisationen (NGOs). Mit ihren ehrgeizigen Millenniums-Entwicklungszielen wollen die Vereinten Nationen bis zum Jahr 2015 die Situation der Menschen weltweit wesentlich verbessern, vor allem durch Bekämpfung von Armut, Hunger, Krankheiten und Analphabetismus. Die einkommensstarken Nationen haben für staatliche Entwicklungshilfe 0,7 % ihres jeweiligen Bruttosozialprodukts zugesagt, aber nur ganz wenige werden dem bisher gerecht; auch Deutschland liegt mit 0,4 % (2010) unter dem angestrebten Richtwert. Der größte Beitrag zur weltweiten Entwicklungshilfe wird ohnehin durch Nichtregierungsorganisationen sowie zahllose private Initiativen und Projekte geleistet.

An der Spitze der Verwaltung der ganzen Organisation steht der Generalsekretär, der auf Empfehlung des Sicherheitsrates ernannt und dann von der Generalversammlung in dieses Amt gewählt wird. Er ist gewissermaßen der ranghöchste Beamte der Welt und nimmt an den Sitzungen des Sicherheitsrats teil. Ihm obliegt im Wesentlichen die Rolle eines Vermittlers und Organisators. Im Gegensatz zum Generalsekretär des Völkerbundes wurde der Amtsinhaber der UNO mit beachtlichem politischem Handlungsspielraum ausgestattet, der auf Artikel 99 der UN-Charta basiert: „Der Generalsekretär kann die Aufmerksamkeit des Sicherheitsrats auf jede Angelegenheit lenken, die nach seinem Dafürhalten geeignet ist, die Wahrung des Weltfriedens und der internationalen Sicherheit zu gefährden." Diese formal dürftige, aber offene Formulierung bot Hammarskjöld die Möglichkeit zu eigener Interpretation und Ausgestaltung.

Dadurch wusste er sich in seinen politischen Entscheidungen die ihm geboten scheinende Souveränität zu schaffen, beispielsweise während der Suezkrise oder auch in der Zeit der Kongokrise. Durch sein resolutes Auftreten etablierte er in seiner Amtszeit eine eigene Handlungsvollmacht. Allein schon damit hat er für die Arbeit der Vereinten Nationen Entscheidendes geleistet, auch wenn ihm diese Freiheit immer wieder streitig gemacht wurde. Der jeweilige Amtsträger ist auch für die Personalentwicklung und die Haushaltspläne zuständig; darüber hinaus repräsentiert er die Vereinten Nationen in der ganzen Welt und kann durch seine Jahresberichte Einfluss auf die Orientierungen der Weltpolitik nehmen, wozu Hammarskjöld sie mehr als einmal auch energisch genutzt hat.

Erster Generalsekretär der Vereinten Nationen wurde der norwegische Diplomat Trygve Lie. Während seiner Amtszeit wurde 1948 die Allgemeine Erklärung der Menschenrechte unterzeichnet. Im November 1952 trat Lie zurück, denn er hatte schon zu Beginn des Koreakriegs den Kurs der USA befürwortet und war deshalb zum Feind Stalins geworden, der auf seine Absetzung drängte. Als Lie dann immer mehr auch die Unterstützung enger Mitarbeiter in seiner eigenen Organisation schwinden sah, gab er resigniert auf. Widerstand, Skepsis und Polemik von vielen Seiten prägten schon die Anfangsjahre der UNO und hatten ihn mürbe gemacht. Die Vereinten Nationen haben bis in die Gegenwart mit Anfeindungen und völlig unterschiedlichen Machtinteressen zu kämpfen, zunehmend wieder seit den 90er-Jahren. Es war vor allem Kofi Annan, der sich wie

Hammarskjöld in diesem schwierigen Umfeld zu behaupten wusste und so zur weltweiten Anerkennung der UNO wesentlich beigetragen hat. Die häufige Uneinigkeit im Sicherheitsrat mit dem Vetorecht seiner ständigen Mitglieder und die Blockade von Resolutionen ist eines ihrer Hauptprobleme. Darüber hinaus haben Staaten gelegentlich indirekt ein Vetorecht wahrgenommen, indem sie die finanzielle Abhängigkeit der Weltorganisation ausnutzten, um deren Entscheidungen zu beeinflussen und Druck auszuüben.

Der neue Generalsekretär

Nach Lies Ausscheiden aus dem Amt begann die Suche nach einem Nachfolger. Es kursierten zunächst vier Namen, u. a. wurde der international erfahrene belgische Politiker Paul-Henri Spaak genannt. Dieser hatte sich nach dem Zweiten Weltkrieg durch sein Engagement für die europäische Einigung einen Namen gemacht und war im Januar 1946 Präsident der ersten UN-Generalversammlung in London gewesen. Auf der Liste stand auch der kanadische Außenminister Lester Pearson, der 1952 den Vorsitz der Generalversammlung hatte. Keiner der vorgeschlagenen Kandidaten fand die Unterstützung aller damaligen Mitglieder im Sicherheitsrat; die Sowjets lehnten alle ab. Dann kam in dem Gremium durch den damaligen britischen Außenminister Anthony Eden der Name Dag Hammarskjöld ins Spiel. Am 31. März 1953 einigte sich der Sicherheitsrat erstaunlicherweise und nominierte ihn zum Kandidaten für das vakante Amt. Hammarskjöld war wie erwähnt in diplomatischen Kreisen international kein Unbekannter mehr; in der breiten Öffentlichkeit jedoch wusste so gut wie niemand, wer da nun auf die Bühne der Weltpolitik trat. Das Angebot, Generalsekretär der UNO zu werden, war auch für ihn selbst und für seine Landsleute in Schweden, die ihn am besten kannten und schätzten, eine enorme Überraschung.

Als Kandidat sprach für ihn, dass er nie einer politischen Partei beigetreten war. Zudem verfügte er über reiche Erfahrungen in der schwedischen Politik und auch bereits auf dem Parkett der internationalen Diplomatie. Der ausgewiesene Wirtschafts- und Finanzexperte mit juristischer Zusatzqualifikation hatte sich schon einiges Geschick auf der Klaviatur diplomatischer Besonnenheit angeeignet. Nicht zuletzt stammte er aus Schweden, einem neutralen Land. Seit 1814 hat die einstige europäische Großmacht keinen Krieg mehr geführt, und Neutralität ist von 1855 an Grundsatz schwedischer Außenpolitik. Die Schweden hatten, um verschont zu werden, kurz vor dem Zweiten Weltkrieg abermals ihre Neutralität ausdrücklich neu erklärt, was sie pragmatisch handhabten. So hatten sie nach dem Überfall der Deutschen auf Dänemark und Norwegen im Krieg vorsichtshalber Zugeständnisse an Nazi-Deutschland gemacht, weil sie erkannt hatten, dass im Machtwahn Hitlers völkerrechtliche Konventionen, Neutralitätserklärungen oder Nichtangriffspakte nichts galten. Deshalb hatten sie beispielsweise der Verlegung einer deutschen Division aus Norwegen über schwedisches Territorium nach Finn-

Erster Teil: SEIN LEBEN

land an die russische Front zugestimmt. Im Übrigen hat ihr reger Außenhandel mit Deutschland eine lange Tradition; in Kiruna gefördertes schwedisches Erz wurde für die Rüstungsproduktion der Nazis über den Hafen Narvik im Norden Norwegens nach Deutschland verschifft. Dies fiel aber damals offensichtlich nicht ins Gewicht, als der Schwede für das höchste Amt der UNO nominiert wurde. Für die Sowjets war entscheidend, dass Hammarskjöld selbst sich immer strikt gegen eine NATO-Mitgliedschaft seines Landes zur Wehr gesetzt hatte. Schweden hat sich diesem Militärbündnis nie angeschlossen, kooperiert aber seit Mitte der 90er-Jahre.

In seiner Zeit als Generalsekretär entwickelte Hammarskjöld selbst im Blick auf sein Verhalten in Konfliktsituationen eine klare Position. Er sah sich in seiner internationalen Verantwortung ganz persönlich in der Pflicht; wenn er in Kontroversen Stellung zu beziehen hatte, hielt er sich zum einen streng an Recht und Gesetz, im Besonderen an die UN-Charta. In seinen Entscheidungen folgte er zum anderen aber auch konsequent seinem Gewissen und dem, was er als Wahrheit erkannt hatte. So vermochte er seine eigenen Standpunkte souverän zu vertreten, dabei seine persönliche Integrität zu wahren und sich durch Kritik nicht beirren zu lassen. Diese Grundeinstellung und seine Neutralität verschafften ihm Autorität und gaben ihm die Freiheit, so zu handeln, wie er es für richtig und angemessen hielt.

In der Zeit des Kalten Krieges mit aufgeladener ideologischer Polarisierung war Dag Hammarskjöld ein typischer

Kompromisskandidat im positiven Sinne. Seine Sprachkenntnisse waren ein weiteres Plus: Neben seiner Muttersprache beherrschte er fließend Englisch, Französisch und Deutsch. Man hatte ihn selbst im Klärungsprozess der Kandidatenkür nicht kontaktiert und gefragt. Vor allem deshalb war er höchst überrascht, als er die Nachricht bekam; doch er war bereit und willigte ein. In seiner Antwort an den Vorsitzenden des Sicherheitsrates schrieb er: „Im vollen Bewusstsein meiner Unzulänglichkeit zögere ich, die Kandidatur anzunehmen …, habe jedoch nicht den Eindruck, dass ich die mir angetragene Aufgabe ablehnen kann."

Am 7. April 1953 wurde Hammarskjöld von der Generalversammlung mit 57 von 59 Stimmen gewählt, bei einer Enthaltung und einer Nein-Stimme. Nach einer Pressekonferenz in Stockholm machte er sich zwei Tage später auf den Weg nach New York. Dort wurde er auf dem Flughafen von Trygve Lie persönlich begrüßt, der erfreut war, dass ihm ein Schwede im Amt folgen sollte. Als er die Gangway des Flugzeugs heruntergestiegen war, sagte ihm der Norweger gleich bei der Begrüßung: „Sie übernehmen den unmöglichsten Job der Welt" – und Lie wusste, was er sagte. In einer Presseerklärung am Flughafen äußerte sich Hammarskjöld u. a. so: „In meiner neuen offiziellen Rolle soll sich der Privatmann ganz zurücknehmen und an seine Stelle der der internationalen Öffentlichkeit Dienende treten." Am 10. April legte der neue Generalsekretär seinen Amtseid ab. Seine fast einmütige Wahl zum Generalsekretär der Vereinten Nationen wurde damals als Hoffnungsschimmer für eine Entspannung im Kalten Krieg gewertet; dazu trug seinerzeit auch die Beendigung des Koreakrieges ein wenig bei. Für Hammarskjöld selbst war die Wahl die größte Zäsur in seinem Leben, nicht nur wegen der neuen internationalen Verantwortung; diese Wende hatte auch Einfluss auf seinen inneren Weg.

Der neue Mann an der Spitze der Vereinten Nationen war angetreten, um Probleme zu lösen, und sah sich aufgrund der weltpolitischen Lage vor enormen Herausforderungen. Er sagte einmal mit dem ihm eigenen subtilen Humor, die UNO sei nicht ins Leben gerufen worden, „um uns in den Himmel zu bringen, sondern um uns vor der Hölle zu bewahren". Die Ausgangssituation bei seinem Amtsantritt in New York war keineswegs rosig. Das Wettrüsten zwischen der NATO und dem Warschauer Pakt war in vollem Gang. Im November 1952 war Dwight D. Eisenhower zum neuen Präsidenten der USA gewählt worden. Nach der *Containment*-Politik seines Vorgängers Truman, der einen weiteren Weltkrieg auf jeden Fall vermeiden wollte, vollzog Eisenhower einen Kurswechsel (*rollback*) und erhöhte den Druck auf die Sowjetunion, u. a. durch den Aufbau eines ganzen Arsenals psychologischer und ideologischer Kriegsführung. So gründete beispielsweise das „Amerikanische Komitee für die Befreiung der Völker Russlands" 1953 nach dem Vorbild von *Radio Free Europe* die Schwesterstation *Radio Liberation* (später *Radio Liberty*), die damals von Lampertheim aus Propagandaprogramme in russischer Sprache ausstrahlte. Mit der gegen die Sowjets gerichteten Eisenhower-Doktrin wurden später – im Jahre 1957 – auch die Spannungen im Nahen Osten enorm angeheizt.

Der neue Generalsekretär

Anfang März 1953 war Stalin an den Folgen eines Schlaganfalls gestorben. Nach dem Abtritt dieses Diktators von der weltpolitischen Bühne, dem Zusammenbruch des Mythos seiner „allwissenden Kompetenz" und der Aufdeckung seiner Verbrechen änderten die Sowjets in den folgenden Jahren schrittweise die Strategie in ihrem Machtbereich, was zur Entstalinisierung führte. Gleichwohl rüsteten auch sie weiter auf und zündeten 1955, ein Jahr nach den Amerikanern, ihre erste Wasserstoffbombe; ihren Führungsanspruch im Ostblock stellten die Machthaber im Kreml nie zur Debatte. Die zahlreichen ungelösten Probleme in den Ländern der Dritten Welt waren zur damaligen Zeit kaum im Blickfeld der Weltpolitik, jedenfalls standen sie nicht auf der Tagesordnung der Mächtigen.

Die Lage im UN-Generalsekretariat war angespannt, es fehlte an Orientierung und Führungsstärke. In den Vereinigten Staaten war zu jener Zeit die McCarthy-Hysterie auf dem Höhepunkt: Die Suche nach mutmaßlichen Kommunisten in der Verwaltung und im öffentlichen Leben der USA artete zu einer antikommunistischen Hetzjagd aus. Trygve Lie hatte Agenten der Bundespolizei FBI ins Haus gelassen; auf Hammarskjölds Anordnung mussten sie das Gebäude räumen. Er schärfte seinen Mitarbeitern ein, auf Fragen von Außenstehenden nicht zu antworten, solange kein begründeter Verdacht auf kriminelle Machenschaften bestehe. Darüber hinaus legte er durch personelle Umbesetzungen und Straffung seiner Organisation die Basis für eine bessere interne Zusammenarbeit, wodurch er nebenbei eine beachtliche Kostensenkung erzielte.

Erster Teil: SEIN LEBEN

Nach außen hielt er es für geboten, seine Spielräume in der neuen Aufgabe zunächst gründlich auszuloten; deshalb bewegte er sich in der ersten Zeit mit Vorsicht und Zurückhaltung. Manchen seiner Mitarbeiter vermittelte dies anfänglich den Eindruck, er sei ein wenig zögerlich oder gar schüchtern, aber sie schätzten seine unaufdringliche Autorität, seine Kompetenz, seine Höflichkeit und Freundlichkeit. Er hatte beispielsweise die Gewohnheit, seine Mitarbeiter persönlich mit einem Händedruck zu grüßen. In seiner ersten Ansprache an die Bediensteten sagte er: „Ich bin gekommen, um Ihnen allen zu dienen. Es ist mein Wunsch, alle Probleme unvoreingenommen anzugehen. Ihre Aufgabe ist es zu beurteilen, wie mir diese Arbeit gelingt, und mich bei Misserfolgen zu korrigieren." Für seine Mitarbeiter und Gäste ließ er Ende 1957 im UNO-Gebäude am East River einen eigenen Meditationsraum einrichten, auf dessen künstlerische Gestaltung er persönlich Einfluss nahm. Dieser Raum ist auch durch die Lichtgebung und betonte Schlichtheit beeindruckend, und Hammarskjöld legte sehr umsichtig besonderen Wert darauf, dass sich beim Betreten niemand in seinen religiösen Gefühlen verletzt sah.

Sein vorrangiges Anliegen und die Hauptaufgabe im neuen Amt war und blieb stets die Bewahrung des Weltfriedens. Der rasante Rüstungswettlauf konnte nach seiner Auffassung nur durch einen Abbau der internationalen Spannungen eingedämmt werden. Zudem betrachtete er Frieden und Gerechtigkeit als grundlegend für wirtschaftlichen und sozialen Fortschritt in der ganzen Welt. Sein Friedenskonzept beruhte auf zwei Grundsätzen: die Achtung der Menschenrechte mehr zur Geltung bringen und Konflikte durch internationale Überwachung seitens der Vereinten Nationen lösen, und zwar mit friedlichen Mitteln nach den Grundsätzen des Völkerrechts.

Wie sehr er dabei jeden Einzelnen und zunächst sich ganz persönlich in der Pflicht sah, wird in seinem Bekenntnis in einer UNO-Rundfunkansprache zum Jahresschluss 1953 deutlich: „Unsere Friedensarbeit muss im persönlichen Innern eines jeden von uns beginnen. Wenn wir eine Welt ohne Angst aufbauen wollen, dürfen wir keine Angst haben. Wenn wir an einer gerechten Welt mitwirken wollen, müssen wir gerecht sein. Wie können wir für Freiheit kämpfen, wenn wir innerlich nicht frei sind? Wie können wir Opfer von anderen verlangen, wenn wir selbst nicht dazu bereit sind? Nur in aufrichtiger Hingabe im Interesse aller finden wir Kraft und Unabhängigkeit, Einigkeit im Blick auf die Ziele und ein ausgewogenes Urteilsvermögen. Dies ist von uns als Verpflichtung für die Zukunft gefordert, von uns, Menschen einer Generation, denen die Chance zuteil wurde, eine Welt des Friedens in der Zeit aufzubauen." Der Friede als Werk der Gerechtigkeit (vgl. Jes 32,17) war eine Maxime im Denken Hammarskjölds. In einem persönlichen Brief schrieb er 1953: „Das Wissen, dass das Ziel von so hoher Bedeutung ist, dass alles andere dahinter zurücktreten muss, vermittelt ein starkes Gefühl der Befreiung und macht einen unabhängig von dem, was einem selbst widerfahren mag."

Für die Unterstützung der Entwicklungsländer verfügte die UNO in den 50er-Jahren nur über beschränkte Mittel;

die finanzstarken Länder hatten damals andere Prioritäten. Die Europäer standen mitten im Wiederaufbau, die USA verfolgten ihre Weltmachtinteressen und rüsteten stark auf; auch im gesamten Ostblock wurde enorm viel in die Rüstung investiert; zudem hatten die kommunistischen Regierungen reichlich innenpolitische Probleme, vor allem mit der wirtschaftlichen Entwicklung ihrer Länder und mit ständigen Versorgungsengpässen. Hammarskjöld aber war ein erfahrener, langfristig denkender Ökonom, der in der Weltwirtschaft und im internationalen Handel mehr in Bewegung bringen wollte; gezielte Entwicklungshilfe war für ihn ein Gebot der Gerechtigkeit und ein Dienst am Frieden. Dadurch sollten auch die Menschen in den armen Ländern den ihnen zustehenden Anteil an den Ressourcen bekommen, wodurch zugleich dauerhaft neue Märkte zum Vorteil aller entstehen können; Industrialisierung und Produktivität schaffen neue Arbeitsplätze und Existenzmöglichkeiten. Dieser Aspekt der Friedensarbeit durch Fortschritte in der internationalen Zusammenarbeit wurde zu einem der Schwerpunkte seiner Tätigkeit. Außerdem sah Hammarskjöld in der Förderung der ausgebeuteten Länder auch Möglichkeiten, den im Gang befindlichen Entkolonialisierungsprozess zu beschleunigen, vor allem auf dem afrikanischen Kontinent. Trotz der angespannten finanziellen Situation der UNO war seine Kursorientierung eine wichtige moralische Unterstützung für viele Menschen in den armen Ländern.

Um die verschiedenen Aspekte dieser Friedensarbeit voranzubringen, war Hammarskjöld häufig auf Reisen; er knüpfte Kontakte, führte persönliche Gespräche, informierte sich vor Ort, lernte fremde Kulturen kennen und versuchte so Brücken für das angestrebte Miteinander der Völker zu bauen. In seiner Amtszeit besuchte Hammarskjöld zahlreiche Entwicklungsländer, wo er von den Menschen, die ihre Hoffnungen in ihm verkörpert sahen, mit großem Wohlwollen begrüßt wurde. In nur sechs Wochen beispielsweise bereiste er bis Ende Januar 1960 insgesamt 21 afrikanische Länder; allein in diesem Jahr wurden 17 neue, unabhängig gewordene Staaten in die UNO aufgenommen.

Der neue Generalsekretär war sich von Anfang an der weitverbreiteten Skepsis gegenüber der UNO und ihren hehren Zielen bewusst. Nicht wenige sagten ihr in den Anfangsjahren ein ähnliches Schicksal voraus wie dem Völkerbund, der in den 30er-Jahren kläglich gescheitert war und nach Gründung der UNO endgültig aufgelöst wurde. Hammarskjöld wurde des Öfteren und teilweise sehr massiv auch von Presseorganen attackiert. Er wusste aber nur zu gut, welchen Einfluss gerade die Medien haben, wie wichtig Kommunikation und Information, aber auch ihre Kritik und Kontrollfunktion für erfolgreiches Handeln in der Politik sind. Neben der Presse hatte der Rundfunk seit Mitte der 20er-Jahre enorm an Bedeutung gewonnen, und in den 50er-Jahren kam die Ära des Fernsehens in den Industriestaaten richtig in Gang. Diese technischen Entwicklungen hatten auch wesentliche Auswirkungen auf die Welt der Diplomatie und haben sie grundlegend verändert.

Hammarskjöld war stets um gute Beziehungen mit Journalisten und anderen Medienvertretern bemüht. In Pressekonferenzen kam ihm seine Wortgewandtheit zugute. Als erfahrener Diplomat verstand er es, seinen Zuhörern Rede und Antwort zu stehen, Informationen zu liefern und Sachverhalte auf den Punkt zu bringen. Wenn er es für geboten hielt, konnte er auch ausgiebig zu einem Thema Stellung nehmen, wobei er seine Auskünfte sorgsam selektierte. Er war stets bemüht, öffentlich nichts zu äußern, was seine Absichten und Vorhaben vorab hätte belasten können; auf keinen Fall wollte er unnötig neue Kontroversen auslösen oder bereits bestehende weiter schüren. Eines seiner Markenzeichen war sein verschmitztes Lächeln; das sah man häufig, beispielsweise wenn in Pressekonferenzen etwas Komisches zu Wort kam oder passierte. Er genoss Situationskomik und verfügte über einen ganz speziellen Humor: Spontan brachte er Dinge, die eigentlich nichts miteinander zu tun haben, in einen neuen Zusammenhang, was regelmäßig für Erheiterung sorgte.

Mit großem Weitblick gelang es ihm schon bald, Vertrauen aufzubauen und Sympathien zu gewinnen, auch seitens der Medienvertreter. Grundsätzlich lehnte er es ab, sich öffentlich zu Fragen über sein Privatleben zu äußern; durch bewusste Distanz schaffte er sich Unabhängigkeit und Freiraum für sein eigenes Handeln. In seiner Rolle als Generalsekretär wusste er sich sehr bald klar zu positionieren und vermochte sich relativ schnell mit seiner neuen Aufgabe zu identifizieren. Sein Verhältnis zu den Massenmedien und ihrer Rolle erläuterte er am 5. Februar 1958 in einer Rede vor der Universität Ohio: ein Plädoyer gegen den politischen Missbrauch der Medien als Propagandainstrument und für seine „stille Diplomatie", mit der er in der China-Mission 1955 einen ersten beachtlichen Erfolg erzielt hatte.

Die China-Mission 1955

Zu Hammarskjölds ersten Herausforderungen auf der Bühne der Weltpolitik in den Anfangsjahren seiner Arbeit in New York gehörte die China-Mission im Januar 1955. Ein halbes Jahr vor dem Ende des Koreakrieges waren einige Amerikaner, darunter vier Piloten, in Kriegsgefangenschaft des kommunistischen China geraten. Sie wurden wegen Spionage angeklagt; Radio Peking hatte im November 1954 gemeldet, dass sie bis auf die vier Piloten von einem Militärtribunal zu langen Haftstrafen verurteilt worden seien. Für die Chinesen galten die Verurteilten nun nicht mehr als Kriegsgefangene, sondern als inhaftierte Kriminelle. Präsident Eisenhower hatte empört reagiert, war allerdings der Auffassung, die Vereinten Nationen müssten sich um die Freilassung der Amerikaner bemühen. Sie hatten nämlich formell unter UN-Befehl gestanden, weil der Sicherheitsrat dem US-Militär dieses Mandat erteilt hatte – freilich ohne die Sowjets, die den Sitzungen aus Solidarität mit Rotchina ferngeblieben waren.

Die UNO und ihr Generalsekretär übernahmen diese Verantwortung, und es wurde nach Lösungswegen gesucht. Die Situation war auch diplomatisch überaus kompliziert, weil die kommunistische Volksrepublik China damals nicht Mitglied der Vereinten Nationen war, obwohl in ihr ein

Viertel der Weltbevölkerung lebte. Die frühere chinesische Regierung war während des Bürgerkriegs auf die Insel Formosa geflohen, das heutige Taiwan. Der kleine Inselstaat mit einer Fläche wie Baden-Württemberg war zu jener Zeit Mitglied der UNO und vertrat China dort international. Taiwan wurde später, im Jahr 1971, nach einer diplomatischen Offensive der Volksrepublik China aus der UNO ausgeschlossen, verlor gleichzeitig die Mitgliedschaft in über 20 internationalen Regierungsorganisationen und ist bis heute diplomatisch weitgehend isoliert.

Der bis in die Gegenwart fortwährende China-Taiwan-Konflikt, den die Taiwanesen als Parabel der Geschichte von David und Goliath sehen, besteht seit dem Ende des Chinesischen Bürgerkriegs. Für das kommunistische China war es zudem eine Schmach gewesen, dass nach dem Koreakrieg fast drei Viertel der Chinesen, die in Kriegsgefangenschaft des US-Militärs bzw. der unter UN-Kommando stehenden Streitkräfte geraten waren, nach ihrer Freilassung nicht in die Volksrepublik zurückkehrten, sondern Formosa zur neuen Heimat wählten.

Die aufgeladenen diplomatischen Beziehungen waren ein äußerst schwieriges Terrain für Verhandlungen. Hammarskjöld selbst schien es schon damals absurd, dass Großchina durch die kleine Republik in der UNO vertreten wurde; doch das waren die politischen Gegebenheiten, denen er sich zu stellen hatte.

Die UN-Vollversammlung sah in ihm den geeigneten Mann für Verhandlungen mit Rotchina. So wandte er sich am 10. Dezember 1954 persönlich an den chinesischen Ministerpräsidenten und Parteichef Chou En-lai: „Die UN-Generalversammlung hat mich gebeten, um die Freilassung von elf Männern sowie allen weiteren Personen zu ersuchen, die unter UN-Befehl gestanden haben und am 12. Januar 1953 in chinesische Kriegsgefangenschaft geraten sind. […] Diese Angelegenheit würde ich gerne mit ihnen persönlich besprechen und möchte sie um ein Gespräch in Peking bitten." Hammarskjöld machte in seinem kurzen Schreiben dann noch einen Terminvorschlag für die Zeit nach Weihnachten mit der Bemerkung, Chou solle ihm gegebenenfalls einen anderen Zeitpunkt nennen, der ihm genehm sei.

Der Chinese gab ihm schon eine Woche später Antwort, dass er einverstanden sei. So flog der Generalsekretär nach Peking, wohl wissend, was für seine Organisation auf dem Spiel stand. In den Gesprächen vom 5. bis 10. Januar 1955 diskutierte Hammarskjöld mit Chou En-lai nicht nur über die Freilassung der Kriegsgefangenen, sie sprachen auch offen über die Ausgrenzung der Volksrepublik China seitens der Vereinten Nationen. In freundschaftlichen Gesprächen thematisierten die beiden aber auch allgemein Fragen aus Kultur und Philosophie. Ein Mitglied der UN-Delegation bekundete nachher, dieser Austausch hätte auf höchstem intellektuellem Niveau stattgefunden. Hammarskjöld gelang es jedenfalls, die Sympathie des Chinesen zu gewinnen.

Wegen des vorsichtigen Taktierens auf beiden Seiten führten diese Gespräche jedoch nicht sofort zu einem klaren Ergebnis in der Sache. In Presseorganen wurde Hammarskjöld daraufhin heftig angegriffen, und es war die Rede von einem Misserfolg. Der Briefwechsel zwischen den beiden Politikern ging allerdings weiter, und im Mai wurden zunächst die vier noch nicht verurteilten Piloten freigelassen; die anderen kamen sozusagen als persönliches Geschenk Chou En-lais zum 50. Geburtstag Hammarskjölds am 29. Juli frei. Chou En-lai sandte ihm einen persönlichen Glückwunsch, für den sich der Diplomat höflich bedankte. Der Chinese stellte aber unmissverständlich klar, seine Geste sei keineswegs als Zugeständnis an die USA zu werten.

Diese China-Mission war der Beginn der für Hammarskjöld typischen „stillen Diplomatie" oder „Privatdiplomatie". Aus seinen Erfahrungen im diplomatischen Dienst wusste er, in welchem Maße Indiskretionen oder voreilige öffentliche Äußerungen gerade solch heikle Missionen erschweren oder unmöglich machen. Im zähen Verhandeln besaß er viel Geschick und wusste, wie er etwas erreichen konnte. Zum einen war er auf derartige Verhandlungen gut vorbereitet; er kannte die Sachlage und hatte sich ein Urteil gebildet. In den Gesprächen verstand er es dann, seine Sicht der Dinge entschieden darzulegen und zu vertreten. Andererseits hatte er auch die nicht weniger wichtige Gabe, seinem jeweiligen Gesprächspartner sehr genau zuzuhören, auf dessen Argumente einzugehen und angemessen darauf zu reagieren, wobei er auch souverän diplomatisch zu schweigen wusste.

Vor allem vor schwierigen Verhandlungen nahm er sich viel Zeit zum Nachdenken und zur eigenen Einschätzung der Lage; er reflektierte aber auch im Nachhinein über das Gesagte und Gehörte und zog seine Schlüsse. Hammarskjöld war ein Mann des Dialogs, der für ihn weit mehr bedeutete als der Austausch und die Verteidigung eigener Standpunkte. Überdies war er überzeugt, dass man als aufmerksamer Zuhörer von anderen immer etwas lernen kann. Mit dieser Offenheit hatte er bei dem Chinesen schließlich doch den gewünschten Erfolg erzielt. Das relativ gute, vorab keineswegs zu erwartende Einvernehmen mit Chou En-Lai währte allerdings nicht lange. Dieser war nämlich mit dem Bericht, den Hammarskjöld anschließend für die Vereinten Nationen verfasste, in mehreren Punkten nicht einverstanden, was offiziell zum Abbruch der Beziehungen führte. Hammarskjöld hatte sein Einvernehmen mit Chou En-Lai allzu optimistisch eingeschätzt. Gleich nach seiner Rückkehr aus China, noch am Flughafen hatte er bekundet: „Die Tür, die geöffnet worden ist, kann offengehalten werden, wenn alle Seiten Zurückhaltung wahren." Jedenfalls verschaffte ihm die Freilassung der Amerikaner in der Weltöffentlichkeit großen Respekt und trug erheblich zum Ansehen der Vereinten Nationen bei.

PULVERFASS NAHER OSTEN

Mehrere Male ist Hammarskjöld in den Nahen Osten gereist. Der baldige Angriff einiger arabischer Länder 1948 auf den neu gegründeten Staat Israel hatte zu einer massiven Aufrüstung auf israelischer Seite geführt. Die Spannungen mit den Nachbarländern waren enorm aufgeladen und verschärften sich in den darauffolgenden Jahren zusehends. Laut UN-Bulletin vom 11. Mai 1951 waren innerhalb von drei Jahren 900 000 Araber aus ihren angestammten Wohnsitzen vertrieben worden, was den Hass geschürt hatte. Der schwedische Graf Folke Bernadotte, der als erster offizieller Vermittler in der Geschichte der Vereinten Nationen nach Palästina entsandt worden war, wurde im September 1948 von der israelischen Terrorgruppe Lechi in Jerusalem erschossen.

Im Sommer 1954 kam es an der israelischen Grenze zu schweren militärischen Auseinandersetzungen mit arabischen Soldaten. Der Weltsicherheitsrat forderte Hammarskjöld auf, zur Vermittlung eines Waffenstillstands in den Nahen Osten zu reisen. Es gelang ihm, mit dem ägyptischen Staatspräsidenten Gamal Abdel Nasser, aber auch mit dem israelischen Regierungschef David Ben-Gurion persönlich gute Kontakte herzustellen. Die beiden Staatsmänner respektierten Hammarskjölds Autorität und hatten ihm gegenüber Vertrauen, weil sie feststellten, dass er persönlich strikte Neutralität wahrte. In dieser wichtigen Mission war er sich sehr wohl bewusst, was ein Scheitern der Gespräche für die Sicherheitslage nicht nur im Nahen Osten, sondern für die ganze Welt zur Folge haben könnte.

Im Rückblick auf diese Reise sagte er später, er habe damals zum ersten Mal in seinem Leben den Nahostkonflikt verstanden. An einer Beendigung der Feindseligkeiten waren alle interessiert, und als Hammarskjöld nach New York zurückkehrte, äußerte er sich zuversichtlich. In seiner Neigung zum Optimismus sah er bisweilen Situationen und sein persönliches Verhältnis zu bedeutenden Politikern in einem positiveren Licht, als es tatsächlich war. Manche hegten damals bereits Hoffnungen auf eine Wende in der Nahostfrage, doch diese kühnen Erwartungen waren bald entzaubert. Daraufhin warf man ihm vor, mit seinem Krisenmanagement eigentlich nichts erreicht zu haben. Er selbst kam zu der Erkenntnis, dass im Vorderen Orient, speziell in der Palästinafrage und im Blick auf das Flüchtlingsproblem, noch große Herausforderungen auf ihn warteten und zu bewältigen waren. Am 20. Mai 1956 stellte er in New York für die Arbeit der UNO folgende Prognose: „Ich habe keinen Zweifel, dass wir in 40 Jahren immer noch vor den gleichen Aufgaben stehen. Wie könnten wir etwas anderes erwarten? Noch ist die Weltorganisation ein neues Abenteuer in der Menschheitsgeschichte." Für die Erneuerung des UNRWA-Mandats (*United Nations Relief and Works Agency for Palestine Refugees*), das Flüchtlingshilfswerk der Vereinten Nationen, machte Hammarskjöld 1958 richtungsweisende neue Vorschläge, die dann von der UN-Vollversammlung am 9. Dezember 1959 approbiert wurden.

Der Volksaufstand in Ungarn 1956

Eine weitere sehr schwierige Aufgabe war der Volksaufstand in Ungarn. Treibende Kraft der Innenpolitik Ungarns waren nach dem Zweiten Weltkrieg die von der sowjetischen Militärmacht unterstützten Kommunisten. Auf den Stalinisten Rákosi war nach Stalins Tod 1953 der verhältnismäßig liberale Imre Nagy als Ministerpräsident gefolgt, Rákosi aber stand weiter an der Spitze der KP. Als Nagy wirtschaftliche Reformen durchsetzte, ließ der Terror im Land in den folgenden Jahren nach. Nagy wurde allerdings 1955 abgesetzt und aus der KP ausgeschlossen. Dann geriet nach dem 20. Parteitag der KPdSU 1956 im Zuge der Entstalinisierung und mit dem Zugeständnis alternativer Entwicklungsmöglichkeiten des Sozialismus in den Ländern des Ostblocks das Machtgefüge im Warschauer Pakt ins Wanken, namentlich in Polen und Ungarn. Der Widerstand des polnischen Volkes gegen den kommunistischen Terror führte zum Posener Arbeiteraufstand, der Ende Juni 1956 blutig niedergeschlagen wurde. Als in Ungarn der stalinistische Hardliner Ernö Gerö KP-Chef wurde, verschärfte sich dort die Lage. Nachdem Gerö die Reformansätze in der Wirtschaft wieder rückgängig gemacht hatte, reagierte das ungarische Volk auf seinen Starrsinn und die neuerliche Repression mit einem Massenaufstand.

Die Unruhen begannen am 23. Oktober 1956 mit einer als Kundgebung der Solidarität mit den Polen genehmigten Demonstration von Studenten der Technischen Universität Budapest. Bis zum Abend schloss sich ihnen in der ungarischen Hauptstadt eine riesige Menschenmenge an. Wie ein Lauffeuer weiteten sich die Unruhen auch in anderen Städten aus, und es kam zum Generalstreik. Die Demonstranten erzwangen Gerös Rücktritt, an dessen Stelle der Stalinist János Kádár trat.

Nagy wurde erneut Regierungschef und erklärte, Ungarn werde sozialistisch bleiben. Er sympathisierte jedoch mit den revoltierenden Massen und forderte eine parlamentarische Demokratie sowie die Neutralität Ungarns. Nagy verhandelte mit der Kreml-Führung in Moskau, schätzte dabei aber deren unerbittlichen Führungsanspruch im gesamten

Ostblock völlig falsch ein. Auch sein Gegenspieler Kádár reiste zu Verhandlungen nach Moskau.

Am 1. November proklamierte Nagy die Neutralität seines Landes und erklärte den Austritt Ungarns aus dem Warschauer Pakt. Zusätzlich zu dem bereits in Ungarn stationierten sowjetischen Militär marschierten drei Tage später weitere Verbände ein, die mit ihren Panzern den Aufstand in Budapest in vier Tagen niederwalzten und im Laufe der folgenden Woche das ganze Land unter ihre Kontrolle zwangen. Dabei kamen schätzungsweise 5000 Ungarn ums Leben. Aus dem Westen kam aus verständlicher Angst vor einer militärischen Auseinandersetzung mit den Sowjets keine Hilfe; Nagy konnte allerdings noch dafür sorgen, dass Fluchtwege nach Österreich offen blieben. So flüchteten damals über 200000 Ungarn in westliche Länder. In ihrem Heimatland kam eine neue Regierung unter Kádár an die Macht. Nagy wurde festgenommen und nach einem Schauprozess Mitte 1958 hingerichtet; für viele Ungarn wurde der mutige Reformpolitiker zum Nationalheld.

Die neue Kádár-Regierung war anfänglich mit einer Hilfe seitens der UNO einverstanden; daraufhin wurde eine UN-Konferenz einberufen. Das wertete Kádár dann jedoch als Einmischung in innenpolitische Angelegenheiten Ungarns; er lehnte die Resolutionen ab, mit denen die sowjetischen Besatzer zum Abzug aus Ungarn bewegt werden sollten. Gemäß ihrem Statut ist der Weltorganisation ein Eingriff in innere Probleme eines Landes untersagt; das Dilemma dieser vagen Definition in der Charta ist ein weiteres Handicap für die Vereinten Nationen. Die UN-Generalversammlung reagierte, indem sie den Generalsekretär aufforderte, Lösungen vorzuschlagen. Kádár ließ aber nun weder UN-Beobachter noch ihn selbst ins Land.

Anfang Januar 1957 machte Hammarskjöld den Vorschlag, die ihm in vorangegangenen UN-Resolutionen übertragene Aufgabe einer Untersuchung der Situation in Ungarn einem Ad-hoc-Komitee der Generalversammlung zu übertragen, das sofort ins Leben gerufen wurde. Insgesamt waren die UNO und ihr Generalsekretär damals hilflos. Das Geschehen in Ungarn war geradezu ein Paradebeispiel für deren damalige Ohnmacht, pragmatisch einzugreifen und zu handeln. Das änderte sich dann kurz darauf grundlegend während der Suezkrise durch die militärische Intervention der UN-Noteinsatztruppe, die im Wesentlichen Hammarskjöld zu verdanken ist. Die Kritik an ihm und seinem Krisenmanagement war aber lautstark und teilweise persönlich verletzend gewesen. So warf ihm beispielsweise ein italienischer UN-Delegierter vor, durch sein langwieriges Taktieren massakriere er das ungarische Volk. Hammarskjöld sah sich als Sündenbock, dem man die Bewältigung einer schier unmöglichen Aufgabe zugemutet hatte.

Das Vorgehen der Sowjets in Ungarn war von den Westmächten mehrmals scharf verurteilt worden; die Aggression Großbritanniens und Frankreichs in der Suezkrise kurz nach dem Ungarnaufstand aber ließ die westlichen Proteste unglaubwürdig erscheinen und löste auch bei den Entwicklungsländern Empörung aus.

Die Nichteinmischung in innenpolitische Belange wurde noch 1975 im Helsinki-Abkommen der Konferenz für Sicherheit und Zusammenarbeit in Europa (KSZE, später OSZE) festgeschrieben. Die Betonung der Menschenrechte in diesem Vertrag, zu denen sich auch die Ostblockländer durch ihre Unterzeichnung ausdrücklich bekannten, ohne zu wissen, welche Konsequenzen das für sie haben sollte, war freilich ein erster Ansatz zur späteren Beendigung des Kalten Krieges.

DIE SUEZKRISE 1956

Kurz nach dem Volksaufstand in Ungarn erneut eine weltpolitische Krise! Mit finanziellen Zusagen der USA, Großbritanniens und der Weltbank hatte Ägypten den Bau des Nassersees (heute Assuanstaudamm) geplant. Nach der Ausschreibung dieses Großprojekts versagten sie jedoch ihren versprochenen Beitrag für den Baubeginn. Daraufhin bat Nasser die Machthaber im Kreml um Unterstützung und verstaatlichte einen Monat nach Abzug der britischen Truppen aus der Suezkanalzone im Sommer 1956 die Suezkanalgesellschaft, um an die Gelder für die Kanalnutzung zu kommen. Außenpolitisch hatte Ägypten 1956 die Volksrepublik China offiziell anerkannt. Der Staudammbau wurde nicht nur für die Ägypter, sondern auch für die nach Einfluss auf dem afrikanischen Kontinent strebenden Sowjets zu einem Prestigeprojekt.

Die Lage spitzte sich zu und drohte aufgrund der weltpolitischen Machtverhältnisse gefährlich zu eskalieren. Die UdSSR und die arabischen Staaten standen geschlossen hinter Ägypten; die Kremlführung drohte. Auch diese Feindseligkeiten hätten Auslöser für einen Dritten Weltkrieg werden können. Erneut wurde von vielen Seiten eine friedliche Lösung angemahnt. Der Kalte Krieg hatte die Fronten verhärtet, das Misstrauen wuchs, vor allem der britische Premier Anthony Eden, der inzwischen Churchill im Amt gefolgt war, hegte eine besondere Feindschaft gegenüber Nasser. Im Sicherheitsrat setzte Hammarskjöld all seine Kraft dafür ein, um durch diplomatisches Verhandeln diese Konfrontation zu überwinden. Dazu äußerte er sich so: „Die Spannungen unserer Zeit sind zu gravierend, um der Versuchung nachzugeben, solche Möglichkeiten zu vernachlässigen; sie sind ein Appell, die Vereinten Nationen konstruktiv zu nutzen." Vergebliche Mühe! Als Großbritannien und Frankreich das Problem durch diplomatischen Druck nicht lösen konnten, entschlossen sie sich zu einem Lösungsweg auf ihre Art. Dabei machten sie sich die Situation zunutze, dass die Sowjets wegen der Probleme im eigenen Machtbereich militärisch gebunden waren. Nach einem Geheimplan Großbritanniens und Frankreichs mit Israel sollte zunächst israelisches Militär Ägypten angreifen, damit sie dann scheinbar neutral intervenieren konnten. Das israelische Militär griff an, und anschließend begannen die beiden Großmächte mit der Verwirklichung ihrer Pläne; ihre Truppen begannen mit einer Luftlandung am 6. November und mit dem Aufbau eines Brückenkopfs in Port Said. Danach war die Durchfahrt durch den Kanal für einige Zeit nicht mehr möglich.

Hammarskjöld war entsetzt darüber, dass die beiden Großmächte ohne Billigung der UNO so vorgingen und

Die Suezkrise 1956

dabei ihre mit der Unterzeichnung der Charta der Vereinten Nationen übernommenen Verpflichtungen eklatant verletzten. Zudem blockierten die beiden Länder alle Lösungsversuche im Sicherheitsrat. Nachdem dort keine Einigung erzielt werden konnte, wurde ein UN-Gipfel einberufen, der über die Probleme debattieren und beraten sollte. Der kanadische Außenminister Lester Pearson, mit dem Hammarskjöld persönlich befreundet war und der 1957 mit dem Friedensnobelpreis ausgezeichnet wurde, schlug vor, eine bewaffnete UN-Friedenstruppe in die Krisenregion zu entsenden. Diesem Ansinnen stand Hammarskjöld im ersten Moment skeptisch gegenüber, vor allem weil ihm nicht klar war, wie das praktisch zu bewerkstelligen sein sollte.

Bereits am 2. November 1956 hatten Großbritannien und Frankreich gemeinsam erklärt, sie würden einem Waffenstillstand zustimmen, wenn die ägyptische und die israelische Regierung mit einem Eingreifen seitens der Vereinten Nationen einverstanden wären. Nach der Zustimmung von Ägypten und Israel kam es zum Konsens. Die Generalversammlung gab Hammarskjöld den Auftrag, innerhalb von 48 Stunden einen Plan für eine Noteinsatztruppe der UNO vorzulegen, und stimmte diesem dann mit 65 Ja-Stimmen bei 9 Enthaltungen zu. Daraufhin veranlasste er unverzüglich die nötigen Schritte; nach kurzen, intensiven Verhandlungen stand die Noteinsatztruppe UNEF (*United Nations Emergency Force*) mit Soldaten aus zehn Ländern. Hammarskjöld gab den Einmarschbefehl, und Mitte November 1956 trafen die Soldaten in Ägypten ein. Die UNEF hatte bald eine Truppenstärke von 6000 Mann, die den Waffenstillstand erfolgreich absichern konnte. Bereits nach gut einem Monat, am 22. Dezember, hatten die britischen und französischen Truppen Ägypten verlassen; im folgenden März waren auch die letzten israelischen Soldaten aus der Sinai-Halbinsel und dem Gaza-Streifen abgezogen.

Die UNEF blieb allerdings zur Grenzsicherung noch ein ganzes Jahrzehnt in Ägypten. Am 10. Januar 1957 wurde ein Abkommen zwischen Ägypten und der UNO geschlossen; dieser Vertrag regelte jedoch nicht die Machtfrage über den Suezkanal und entsprach nicht Nassers Bitte, die Weltorganisation möge ihm bei der Wiedereröffnung des Kanals Beistand leisten. Erst ab dem 10. April 1957 konnten wieder Schiffe den Suezkanal passieren. Nach einem kurzen Aufenthalt in Schweden flog Hammarskjöld im Dezember 1957 nach Gaza, um dort gemeinsam mit den UNO-Soldaten Weihnachten zu feiern.

Dieser erste Einsatz einer bewaffneten Friedenstruppe war ein Novum in der Geschichte der Vereinten Nationen. Für Hammarskjöld war das Vorgehen in der Suezkrise unterm Strich ein Erfolg von weltpolitischer Bedeutung, wohl der größte in seiner ganzen Amtszeit. Er selbst war jedoch von dem Konzept, die UNO solle als generelle Strategie ständig Friedenseinsatztruppen bereithalten, anfänglich nicht überzeugt. Nach Beratungen über die damit verbundenen rechtlichen, politischen und praktischen Aspekte mit Lester Pearson, mit dem US-Botschafter Lodge und anderen änderte er aber sehr bald seine Einstellung zu solchen militärischen Interventionsmöglichkeiten seitens der Vereinten Nationen.

HAMMARSKJÖLDS WIEDERWAHL 1957

Dag Hammarskjöld wurde 1957 für weitere fünf Jahre im Amt als Generalsekretär bestätigt, und zwar diesmal erstaunlicherweise mit Einstimmigkeit! Er nahm am 26. September 1957 den neuen Auftrag an. In seiner Ansprache an die Delegierten der Generalversammlung sagte er: „Als ich im Frühjahr 1953 in mein gegenwärtiges Amt gewählt wurde, spürte ich, dass es meine Pflicht war, dieser unerwarteten Berufung zu entsprechen. Ich setzte meine Hoffnung darauf, den Zielen der Vereinten Nationen bis an die Grenzen meiner Kräfte zu dienen. Das Einzige, was ich jetzt für mich in Anspruch nehme, ist, dass ich mich darum bemüht habe. Ob ich dieser Notwendigkeit in dieser schwierigen Phase der Vereinten Nationen und der Welt gerecht geworden worden bin, darüber sollen andere urteilen. Ob die Orientierung, die ich dem Amt des Generalsekretärs zu geben versucht habe, die bestmögliche ist, das wird im Rückblick der Geschichte zu bewerten sein. Ihre Entscheidung ist in dieser Hinsicht eine Ermutigung für die Zukunft und ein hoch geschätzter Ausdruck des Vertrauens. Ich glaube, dass niemand die Rolle eines Generalsekretärs akzeptieren kann, wenn er weiß, was das bedeutet, es sei denn aus Pflichtgefühl. Jedenfalls kann niemand in dieser Funktion dienen ohne ein Gefühl der Dankbarkeit für eine Aufgabe, die tiefe Genugtuung bereitet und zugleich herausfordernd ist, die stetig inspirierend wirkt und bisweilen entmutigend erscheinen mag." Und er nannte zwei Gründe für seine Dankbarkeit: zum einen das Privileg, mit allen Re-

Erster Teil: SEIN LEBEN

gierungen und ihren Vertretern für die Lösung internationaler Konflikte in wechselseitigem Vertrauen zusammenzuarbeiten, und zum anderen die Unterstützung all seiner Mitarbeiter im Generalsekretariat in ihrem meist undankbaren Einsatz, der jedoch unabdingbar sei, um Erfolg zu haben.

Trotz der enormen Bürde der Verantwortung, der hohen Arbeitsbelastung und auch mancher Enttäuschungen, die er erfahren hatte, sah er in dem klaren Votum für sich persönlich eine Verpflichtung, erneut sein Ja zu sagen. Durch das erneuerte Mandat fühlte er sich in seiner Funktion als Generalsekretär bestärkt und war bereit, seine Kräfte weiter für die Friedensarbeit der UNO einzusetzen. Dabei sah er die Vereinten Nationen im Kampf für Frieden und Gerechtigkeit und für den Aufbau der internationalen Gemeinschaft als „Testfeld". Aus den Erfahrungen seiner ersten Amtsperiode zog er das Resümee, für die Vereinten Nationen sei es besser, in Krisen möglichst schnell präventiv zu reagieren, als zunächst einmal abzuwarten, bis die Probleme eskalieren und untragbar werden, um sich erst dann zum Handeln berechtigt zu sehen.

Seine neue Amtszeit begann am 10. April 1958. In der Ansprache an seine Mitarbeiter griff er eine Zeile aus einem schwedischen Lied auf: „Wird je der Tag kommen, an dem die Freude groß und die Trauer klein sein wird?" Diese Frage kommentierte er in folgender Weise: „Im Blick auf die Menschheit und die Entwicklung der menschlichen Gemeinschaft leisten wir äußerlich gesehen dazu unseren kleinen Beitrag. Doch wenn wir diese Frage grundsätzlich aus der inneren Perspektive betrachten, können wir sagen, dass wir an dem Tag, an dem wir spüren, dass wir in einer Verpflichtung leben, die gut erfüllt ist und unsere Zeit lohnt, die Freude groß ist und wir das Traurige als klein ansehen können." Das ist eine der seltenen Äußerungen, in denen Hammarskjöld zur Ermutigung seiner Mitstreiter im Kampf für den Frieden seine innere Sicht der Dinge öffentlich ein wenig preisgegeben hat. Er sah sich jedoch nie als Moralprediger, sondern als jemand, dem die Pflicht auferlegt ist, allen Tendenzen gegen den Geist der Freundschaft und Geschwisterlichkeit zwischen den Nationen zu widerstehen, wie er während einer Pressekonferenz im August des Jahres 1957 ausdrücklich bekundet hatte.

Bemühungen um Abrüstung

Angesichts der forcierten Entwicklung der Kernwaffentechnik in der Zeit nach dem Zweiten Weltkrieg, vor allem in den 50er-Jahren, und der damit einhergehenden gigantischen atomaren Aufrüstung hegte Hammarskjöld keinerlei Hoffnungen auf kurzfristige Lösungen oder gar auf irgendein Patentrezept. Ihm schienen in der Abrüstungsfrage jedoch kleine Schritte möglich, und für ihn war deren Lösung grundsätzlich mit dem Schicksal und Überleben der gesamten Menschheit verbunden. Ende der 50er-Jahre hätte man mit dem vorhandenen Atom- und Wasserstoffbombenarsenal alle Länder der Erde mehrfach vernichten können. Gegen die Wiederbewaffnung der Bundesrepublik Deutschland und ihre Aufnahme in die NATO im Jahr 1955 gab es vonseiten Hammarskjölds keine Einwände. Er schaffte es, die vier Siegermächte – USA, Frankreich, Großbritannien und Sowjetunion – in der Genfer Abrüstungskonferenz im Juli 1955 an einen Tisch zu bringen und nahm selbst an diesen Gesprächen teil. Im August reiste er abermals nach Genf, wo er die „Internationale wissenschaftliche Konferenz über die friedliche Nutzung der Kernenergie" eröffnete; diese war von einer Kommission der Vereinten Nationen monatelang sorgfältig vorbereitet worden. Auch die Abrüstungsverhandlungen am Genfer See im Jahr 1958 waren Hammarskjölds Initiative zu verdanken.

Ende Juli 1957 wurde für die friedliche Nutzung der Kernenergie die Internationale Atomenergie-Organisation (IAEO) mit Sitz in Wien gegründet; auch der Vatikan gehörte zu den Gründungsmitgliedern. Hammarskjöld selbst hatte den Heiligen Stuhl dazu gedrängt, weil er auf diese Weise die friedlichen Absichten dieser Initiative deutlicher herausstellen wollte. Es war zunächst beabsichtigt, dass die in der neuen Organisation tätigen Wissenschaftler ganz unabhängig, ohne Einmischung seitens der Vereinten Nationen oder von anderer politischer Seite, forschen und ihrer Arbeit nachgehen sollten. Diesem Ansinnen widersetzte sich Hammarskjöld, denn er war der Auffassung, dass die Entwicklung und Nutzung der Kerntechnik generell auch für die Abrüstungsfrage von entscheidender Bedeutung war. Deshalb wollte er, dass diese neue internationale Organisation den Vereinten Nationen unterstellt werden solle; so bekam die IAEO schließlich einen Sonderstatus unter dem Dach der UNO. Sie verfasst regelmäßig Berichte für die Generalversammlung und informiert den Sicherheitsrat, sobald sie eine Gefährdung des internationalen Friedens feststellt. Im Jahr 2010 waren der IAEO als weltweitem Koordinator und Kontrollorgan der Kernenergiesicherheit 152 Staaten angeschlossen.

Die Libanonkrise 1958

Anderthalb Jahre nach der Suezkrise kam es 1958 im Nahen Osten neuerlich zu großen Spannungen. Im Libanon mit seiner ethnischen Vielfalt und seinem problematischen Verhältnis zwischen Christen und sunnitischen Muslimen war der maronitische Staatspräsident Camille Chamoun westlich orientiert, während der sunnitische Ministerpräsident Rashid Karami schon während der Suezkrise und danach auf Seiten Nassers stand. Chamoun pflegte nach dem Konflikt um den Suezkanal weiter diplomatische Beziehungen mit den beiden Westmächten, die Ägypten angegriffen hatten. Dadurch waren seine Beziehungen mit Ägypten in hohem Maße belastet. Die Muslime drängten auf den Beitritt ihres Landes in die Vereinigte Arabische Republik, in der sich Ägypten und Syrien kurz zuvor verbündet hatten (die VAR wurde 1961 wieder aufgelöst). Die Christen im Libanon hingegen zielten mehrheitlich auf die weitere Anbindung an die Westmächte.

Als Chamoun im April 1958 seine Wiederwahl für weitere sechs Jahre im Amt durch eine umstrittene Ergänzung in der Verfassung ermöglichen wollte, kam es zum Aufstand der Muslime mit Straßenkämpfen und Guerillaangriffen, einen Monat später dann zum Generalstreik. Chamoun forderte eine Sitzung des UN-Sicherheitsrates wegen der Einmischung der VAR, die die Muslime mit Waffen und Soldaten aus Syrien unterstützte. Der Sicherheitsrat beschloss die Entsendung von UN-Beobachtern, und auch Hammarskjöld selbst reiste in den Libanon. So entstand im Juni 1958 die UNOGIL (*United Nations Observation Group in Lebanon*). Chamoun bat aber auch die USA um Hilfe, und Präsident Eisenhower genehmigte unter Berufung auf Artikel 51 der UN-Charta (Recht auf Selbstverteidigung) im Juli die Operation *Blue Bat* mit der Entsendung von US-Militär in einer Truppenstärke von 14 000 Soldaten.

Im gleichen Monat beseitigte ein Militärputsch die Monarchie im Irak. Das verschärfte die ohnehin höchst angespannte Lage auch in den Nachbarländern weiter. Die US-Truppen sollten die Ordnung im Libanon aufrechterhalten und so lange bleiben, bis die UNO eine bessere Lösung ausgehandelt habe. Großbritannien schickte seinerzeit Truppen nach Jordanien, um die Lage dort zu stabilisieren. Die Sowjets protestierten heftig gegen diese Einmischung der beiden Westmächte. Wieder war es Hammarskjölds Aufgabe, die Probleme irgendwie zu lösen. Es wurden einige Resolutionen erarbeitet, aber keine wurde akzeptiert. Daraufhin machte Hammarskjöld den Vorschlag, die Präsenz der UNO im Nahen Osten zu verstärken. Eine außerordentliche UN-Generalversammlung im August billigte einstimmig eine Resolution, die unverkennbar Hammarskjölds Handschrift trug und den kurzfristigen Abzug der fremden

Truppen aus dem Libanon und aus Jordanien forderte. Hammarskjöld gelang es, die Situation so zu regeln, dass dieser Abzug nach nur wenigen Monaten bis November 1958 tatsächlich erfolgte.

DER LAOSKONFLIKT

Der Laoskonflikt ist eine weitere Episode in der Ära des Kalten Krieges, der sich Hammarskjöld zu stellen hatte. Das Land in Südostasien hatte bereits 1954 seine vollständige Souveränität erlangt. Die kommunistische Pathet-Lao-Bewegung hatte seit 1945 gegen die französische Kolonialmacht gekämpft. Nach der Unabhängigkeit überließ man der „Vereinigten Volksfront" des Pathet Lao zwei Provinzen im Norden von Laos. Das führte praktisch zu einer Teilung des Landes mit andauernden Spannungen und Auseinandersetzungen. Der laotische Präsident Suvanna Phuma war um Aussöhnung bemüht, scheiterte aber und musste zurücktreten. In den Jahren danach blieb die Lage politisch weiter sehr instabil. Als der wieder an die Macht gekommene Phuma im Juli 1958 erneut abtreten musste, weil ihm die Amerikaner den Geldhahn zugedreht hatten, übernahm ein westlich orientiertes Regime die Herrschaft. Nun spitzte sich der Konflikt mit dem Pathet Lao erst recht zu. In den Augen der neuen Regierung hatten die Kommunisten zu viel Einfluss; sie befürchtete, das Nachbarland Nordvietnam würde deren Machtübernahme in Laos unterstützen. Das laotische Regime reagierte mit harten gesetzlichen Maßregeln und bat gleichzeitig um internationale Hilfe.

Der UNO wurde ein Lagebericht vorgelegt, der im Wesentlichen auf sowjetischen und amerikanischen Nachrichtenquellen sowie auf Pressemeldungen beruhte. Hammarskjöld hegte Zweifel an seiner Richtigkeit und fasste deshalb den Entschluss, sich selbst vor Ort zu informieren. Dabei wollte er auch die Chancen einer Vermittlung zwischen Laos und Nordvietnam ausloten. Nach seiner Rückkehr begannen im Sicherheitsrat langwierige Verhandlungen. Die laotische Regierung gab bekannt, dass sie die Unterstützung des Verteidigungsbündnisses SEATO (*Southeast Asia Treaty Organization*/Südostasienpakt) – seinerzeit die Variante der NATO in Südostasien – annehme, falls von der UNO keine Hilfe geleistet würde. Eine von Hammarskjöld einberufene UN-Konferenz empfahl, Laos solle sich neutral verhalten. Die Spannungen im Lande dauerten jedoch weiter an. Später, Mitte der 70er-Jahre, gewannen Truppen des Pathet Lao die Kontrolle über ganz Laos, und ihre Partei ist, verbündet mit der Volkspartei, bis heute an der Macht.

Der Konflikt in Südostasien zur Zeit Hammarskjölds wurde zwei Jahre später durch die Ereignisse und den Bürgerkrieg im Kongo überschattet, auf den etwas ausführlicher einzugehen ist. Zuvor aber sei ein weiterer Krisenherd gestreift, dem sich der UN-Generalsekretär während der Kongokrise zuzuwenden hatte: Tunesien, das Frankreich 1956 in die Unabhängigkeit hatte entlassen müssen.

Die Bisertakrise 1961

Der Führer der tunesischen Unabhängigkeitsbewegung, Habib Bourguiba, hatte 1957 den König zur Abdankung gezwungen und die Republik ausgerufen. Im Sommer 1961 wünschte Bourguiba, Frankreich solle seinen Militärstützpunkt nahe der Hafenstadt Biserta am Mittelmeer räumen, obwohl das für die Tunesier damals eine wichtige Einnahmequelle war. Den Zeitpunkt hatte er bewusst gewählt: Die Algerier und Franzosen nahmen gerade ihre kurz zuvor abgebrochenen Friedensgespräche am Genfer See wieder auf.

Für die Franzosen war der Stützpunkt im Krieg gegen Algerien strategisch von großer Bedeutung. General de Gaulle dachte nicht daran, Bourguibas Wunsch zu erfüllen, und gab ihm keine Antwort. Stattdessen erteilte er den Befehl, den Stützpunkt mit allen Mitteln zu verteidigen. Französische Fallschirmjäger und Jagdbomber trieben die schlecht ausgerüsteten Tunesier auseinander, Panzer walzten ihre Barrikaden rings um Biserta nieder. Nach drei Tagen Kampf hatten die Franzosen die ganze Stadt besetzt, wobei schätzungsweise 1 000 Tunesier ihr Leben verloren.

Die tunesische Regierung ließ den Sicherheitsrat einberufen. Hammarskjöld drängte auf einen sofortigen Waffenstillstand, und es wurde ein entsprechendes Abkommen unterzeichnet, durch das die Lage allerdings nicht wirklich befriedet werden konnte. Er reiste nach Tunesien, um sich persönlich ein Bild der Lage zu verschaffen. Im Laufe der Kongokrise war mittlerweile auch das Misstrauen der Franzosen ihm gegenüber weiter gewachsen, und de Gaulle missbilligte seine Reise. Nach seiner Rückkehr begannen neue Verhandlungen im Sicherheitsrat, die Frankreich boykottierte. Schon vor Beginn der Sitzung hatte die Regierung in Paris verlauten lassen, sie fühle sich durch Beschlüsse des Sicherheitsrates nicht gebunden und wolle selbst direkt mit den Tunesiern verhandeln. In einer UN-Resolution wurde Tunesien dann das Recht zugestanden, den Abzug der Franzosen zu fordern. Diese mussten das Land räumen, was allerdings bis 1963 dauerte.

Die Kongokrise

Im Zuge der Entkolonialisierung Belgisch-Kongos (heute Demokratische Republik Kongo) kam es dort schon Anfang 1958 zu ersten innenpolitischen Machtrangeleien. Das an Bodenschätzen reiche Land erhielt 1960 die Unabhängigkeit, war jedoch in keiner Weise darauf vorbereitet. Die Belgier hatten als Kolonialmacht alle Führungspositionen in der öffentlichen Verwaltung, im Militär und in der Wirtschaft innegehabt; in patriarchalischer Weise hatten sie allerdings dafür gesorgt, dass die meisten Kongolesen keine große Not litten. Zwei Führer der kongolesischen Unabhängigkeitsbewegung, der ehemalige Theologiestudent Joseph Kasavubu und der frühere Postbeamte Patrice Lumumba, kamen nun an die Macht: Kasavubu als Staatspräsident und Lumumba als Regierungschef. Doch schon einige Tage nach der Unabhängigkeitsfeier kam es zu entfesselter Gewalt und Anarchie. Die Zentralregierung war unerfahren und schwach, das Parlament zersplittert und zerstritten; durch rivalisierende Provinzgouverneure und Stammesführer spitzte sich die verworrene Lage weiter zu.

Damit begann die eigentliche Kongokrise: Es kam zu einem Bürgerkrieg, der das ganze Land in ein Chaos stürzte. Moise Tschombé, der Gouverneur der wohlhabendsten Provinz des Kongos, dem an Erzvorkommen mit Kupfer, Kobalt und Uran reichen Katanga, rief am 11. Juli 1960 die Unabhängigkeit aus. Unmittelbarer Auslöser war Lumumbas Absicht, die Kupferminen in Katanga zu verstaatlichen. Ohne Zustimmung Lumumbas intervenierten belgische Fallschirmjäger, die Tschombé selbst an dem Tag angefordert hatte, an dem er die Unabhängigkeit seiner Provinz ausgerufen hatte. Auch die ebenfalls mit wertvollen Rohstoffen gesegnete Provinz Süd-Kasai spaltete sich ab und verbündete sich alsbald mit dem abtrünnigen Katanga. Am 12. Juli 1960 forderten Lumumba und Kasavubu die UNO zum militärischen Eingreifen auf. Der damals in der panafrikanischen Bewegung führende Ghanaer Nkrumah hatte Lumumba geraten, die Vereinten Nationen um Hilfe zu bitten. In einer Nachtsitzung informierte Hammarskjöld sofort den Sicherheitsrat, der ihn aufforderte, „schnellstmöglich" zu reagieren. Die Belgier wurden zum Rückzug ihrer Truppen aufgefordert, und Hammarskjöld wurde zum Eingreifen autorisiert. Der Generalsekretär wurde einstimmig beauftragt, eine Friedenstruppe aufzustellen und zu entsenden; dabei war ihm angesichts der Konfrontation zwischen den beiden großen Machtblöcken wichtig, dass die ONUC (*Opération des Nations Unies au Congo*) hauptsächlich aus afrikanischen Soldaten bestehen sollte. Lumumba und Kasavubu aber stellten Hammarskjöld ein Ultimatum: Wenn die Belgier nicht innerhalb von 48 Stunden abgezogen seien, würden sie die Sowjets um Hilfe bitten. Schon drei Tage später waren erste tunesische ONUC-Soldaten im Kongo, die zunächst beruhigend auf die Lage wirkten. Sie hatten den strikten Auftrag, sich nicht direkt in den innenpolitischen Konflikt mit Tschombé einzumischen; dennoch wurden die Vereinten Nationen in diesen Bürgerkrieg hineingezogen.

Das UN-Oberkommando legte einen Plan vor, den ganzen Kongo in mehrere Besatzungszonen unter Aufsicht der Vereinten Nationen aufzuteilen; dabei sollten schwedische Soldaten in der Provinz Katanga stationiert werden. Die zeitweise 20 000 Soldaten umfassenden UNO-Truppen waren beauftragt, die Ordnung im Land so weit wie möglich aufrechtzuerhalten. Lumumba aber wollte unbedingt, dass sie auch gegen die Ablösung Katangas vorgehen sollten.

Der Generalsekretär reiste insgesamt viermal in den Kongo, um sich zu informieren und Lösungsmöglichkeiten zu finden. Bei seiner zweiten Reise in den Kongo landete Hammarskjöld am 10. August in Elizabethville (heute Lubumbashi), der Hauptstadt Katangas im Südosten des Landes. Er wollte direkt mit Tschombé über den Einsatz der UN-Truppen in Katanga verhandeln. Als er im von Tschombé kontrollierten Katanga landete, stieß sein Aufenthalt dort auf heftige Kritik seitens der Sowjets, die auf Lumumbas Seite standen und Hammarskjölds Initiative als Parteinahme für Tschombé werteten. Die Aktion führte auch zum Zerwürfnis zwischen Lumumba und Hammarskjöld, was aus insgesamt sechs Briefen der beiden Mitte August 1960 hervorgeht.

Nachdem die UNO-Truppen in Katanga eingetroffen waren, erfolgte Anfang September der Rückzug der Belgier aus dieser Provinz und innerhalb von sechs Wochen aus dem gesamten Kongo. Lumumba hatte inzwischen die Sowjets gebeten zu intervenieren; seine eigene Katanga-Invasion scheiterte. Dies führte zum Konflikt zwischen Lumumba und Kasavubu und dann zum Zusammenbruch der kongolesischen Zentralregierung. Hammarskjöld wurde von den Sowjets heftig attackiert, und die Kreml-Führung betrieb die Absetzung des Generalsekretärs. Am 3. Oktober 1960 forderte Chruschtschow vor der Generalversammlung in New York seinen Rücktritt. Wütend bezichtigte er ihn als Handlanger imperialistischer Bestrebungen und westlicher Kolonialinteressen. Er schlug vor, man solle das Amt des Generalsekretärs künftig auf drei Personen verteilen: je ein Vertreter aus dem Osten und dem Westen und ein weiterer aus einem neutralen Land. Hammarskjöld antwortete ihm darauf energisch und resolut, dass es keiner einzelnen Partei zustehe, seinen Rücktritt zu fordern, und dass sein Ausscheiden aus dem Amt eine gefährliche Lage heraufbeschwören würde. Nicht die Sowjetunion oder eine der anderen Großmächte bräuchten den Schutz der Vereinten Nationen, sondern alle anderen. Er sei zutiefst davon überzeugt, dass diese anderen Länder die Organisation klug nutzen und ihr die Wege zeigen würden. Deshalb werde er im Interesse aller anderen Nationen so lange im Amt bleiben, wie diese es wünschten. Wörtlich sagte er: „Es ist sehr leicht zurückzutreten. Es ist nicht leicht, im Amt zu bleiben. Es ist sehr leicht, sich den Wünschen einer Großmacht zu beugen. Es ist etwas ganz anderes, sich ihr zu widersetzen." Nach diesen Worten erhoben sich außer den sowjetischen Delegierten und ihrem Gefolge alle in der Generalversammlung und applaudierten minutenlang.

Hammarskjöld stand vor dem Dilemma, dass die Zentralregierung im Kongo zu dem Zeitpunkt bereits gespalten und ihr die Lage völlig aus dem Ruder gelaufen war. Lumumba hatte den Staatspräsidenten Joseph Kasavubu abgesetzt, der seinerseits mit einer Entlassung des Premiers reagierte und sich mit dem Armeechef Mobutu verbündete. Lumumba wollte aus dem Land fliehen, wurde aber festgenommen, an die abtrünnige Provinz ausgeliefert und am 17. Januar 1961 von Katanga-Soldaten erschossen. Seine Leiche wurde zur Vertuschung einige Tage später ausgegraben, zerstückelt, mit Säure übergossen und verbrannt. Die vielschichtigen Hintergründe dieses Mordkomplotts sind historisch nicht abschließend geklärt. Als sicher gilt heute jedoch, dass der belgische und US-amerikanische Geheimdienst ihre Hände im Spiel hatten. Als Freiheitskämpfer wurde Lumumba zur Symbolfigur der Afrikaner im Kampf gegen Kolonialismus und Imperialismus.

Nach seinem Tod wurde zunächst der schwedische UN-Diplomat Sture Linnér, in den Jahren 1960/61 Chef der UNO-Mission im Kongo, mit der Verwaltung des regierungslosen Landes betraut. Der renommierte Altphilologe war einer der persönlichen Freunde Hammarskjölds. Als Antwort auf die Ermordung Lumumbas forderten die Sowjets im Februar 1961 erneut Hammarskjölds Rücktritt. Aber auch das Vertrauen der anderen Großmächte gegenüber Hammarskjöld schwand zusehends. Viele Staaten verweigerten ihm und der UNO damals ihre weitere finanzielle Unterstützung, wodurch die Organisation in eine schwere Finanznot geriet. Die Vorgänge während der Kongokrise, im Besonderen die damit einhergehenden persönlichen Attacken haben Hammarskjöld zutiefst verletzt, und er sah sich von den meisten im Stich gelassen.

Als Hammarskjöld einen letzten Versuch unternehmen wollte, Tschombè zu bewegen, Katanga solle sich in einen neuen föderalistisch geordneten Kongo integrieren, kam er auf dem Weg zu diesen Gesprächen kurz vor dem Ziel, jenseits der Grenze nicht weit vom damals nordrhodesischen Ndola ums Leben. Die Kongokrise dominierte die Weltpolitik des Jahres 1961; das Vorgehen der UN-Truppen wurde auch von westlicher Seite, vor allem in der konservativen britischen Presse angeprangert. Diese Krise brachte die gesamte UNO ins Wanken und zeigte abermals, wie problemgeladen Hammarskjölds Aufgabe als Generalsekretär damals war, der ständig in einem ganzen Geflecht gegensätzlicher Machtinteressen zu agieren hatte und dabei seinen Weg zu einer Lösung der Probleme meist allein finden musste.

Seine Rolle in der Kongokrise ist bis heute umstritten. Ihn selbst kostete sie jedenfalls das Leben, worin man ein Zeichen seiner unbedingten Einsatzbereitschaft für Aussöhnung und Frieden, aber auch seiner eigenen menschlichen Ohnmacht sehen kann. Die Kongokrise ging nach seinem Tod noch einige Jahre weiter; dann folgte in dem Land das lange autoritäre Regime Mobutus. Dieser war von 1965 bis 1997 an der Macht, hat das Land völlig heruntergewirtschaftet und sich persönlich in unvorstellbarem Maße bereichert. Gegenwärtig suchen die Kongolesen wieder eine Annäherung an Belgien in der Hoffnung auf eine Stabilisierung der Situation in ihrem Land, die noch immer den Einsatz ausländischen Militärs erfordert.

Bei der Entsendung der UNO-Truppen in den Kongo hatte Hammarskjöld veranlasst, dass die Soldaten zu ihrer eigenen Sicherheit mit blauen Helmen und ihre Fahrzeuge mit dem UN-Zeichen ausgestattet wurden. Die Blauhelmsoldaten stammen aus den Mitgliedsländern. Ihre friedenssichernden und -erhaltenden Einsätze – diese Unterscheidung hatte Hammarskjöld gemeinsam mit Lester Pearson aus taktischen Erwägungen konzipiert und selbst eingeführt – beruhen jeweils auf einem Mandat des Sicherheitsrats. Die Blauhelme, die dem Kommando der Vereinten Nationen unterstehen, haben in den vergangenen Jahrzehnten an vielen Brennpunkten der Welt zum Frieden beigetragen und wurden dafür 1988 als Institution mit dem Friedensnobelpreis ausgezeichnet.

HAMMARSKJÖLDS TOD

Seit dem Herbst 1960 war Hammarskjöld über die Situation im Kongo äußerst besorgt. Die Einmischung der Großmächte hatte die Spannungen weltpolitisch verschärft. Er war mit der Entsendung von UN-Friedenstruppen einverstanden gewesen, um den Konflikt im Kongo zu

Hammarskjölds Tod

lösen. Nach Möglichkeit wollte er auch zu einer Bereinigung des Katanga-Problems beitragen. Zu seinem Repräsentanten für die abtrünnige Provinz hatte er den irischen UN-Diplomaten Conor Cruise O'Brien ernannt, der 1963 in einem Buch über diese Mission seine Sicht der Lage schilderte. Mit Hammarskjölds Unterstützung griff O'Brien zu Maßnahmen, die anfänglich Wirkung zeigten und die Lage ein wenig beruhigten.

Am 2. August 1961 hatte das kongolesische Parlament Cyrille Adoula mit der Bildung einer neuen Regierung der nationalen Einheit beauftragt. Hammarskjöld sagte ihm seine Unterstützung zu und hegte die Hoffnung, dass im Kongo weniger UN-Truppen gebraucht würden. Er entschloss sich, auf Einladung Adoulas erneut in das Land zu reisen; es sollte allerdings sein letzter persönlicher Versuch einer Lösung des Katanga-Problems sein. Wenn er damit keinen Erfolg haben sollte, wollte er von seinem Amt als Generalsekretär zurücktreten. Vor der letzten Abreise in den Kongo dankte er in einer denkwürdigen Ansprache seinen Mitarbeitern in New York; dabei zog er ein Resümee der Arbeit der UNO in den vergangenen zwei Jahren und definierte visionär die Rolle des Generalsekretärs.

Er befand sich schon auf dem Flug in den Kongo, als es am 12. September 1961 in Katanga zu einem Zwischenfall kam, durch den neues Öl ins Feuer gegossen wurde. Ohne Hammarskjölds Einverständnis hatten UN-Truppen einen Rundfunksender der Rebellen angegriffen, um Tschombé unter Druck zu setzen. Hammarskjöld hatte einem ersten anders lautenden Lagebericht Glauben geschenkt, zumal er sich nicht vorstellen konnte, dass sein UN-Vertreter vor Ort den Angriff auf den Rebellen-Sender gebilligt haben könnte. In Léopoldville informierte ihn Linnér, dass in Elizabethville heftige Kämpfe zwischen UN-Soldaten und Tschombés Truppen tobten, wobei Letztere die Oberhand behielten. Als seine ersten Bemühungen um einen Waffenstillstand scheiterten, sandte er Tschombé eine Nachricht, in der er ihn um eine persönliche Unterredung bat; gemeinsam mit ihm wollte er nach einer friedlichen Lösung suchen. Eine seiner Bedingungen für diese Gespräche war ein sofortiger Waffenstillstand, den auch die kongolesische Regierung am Morgen des 13. September vergeblich gefordert hatte. Obwohl Tschombé Hammarskjöld nicht eindeutig zugestimmt hatte, flog dieser nach Ndola, heute die zweitgrößte Stadt Sambias, wo auf neutralem Boden die Verhandlungen stattfinden sollten.

Die DC-6 mit achtköpfiger schwedischer Besatzung aus Malmö startete in den frühen Abendstunden des 17. September in Léopoldville. Unter den 15 Insassen waren sieben schwedische Staatsangehörige, die alle Mitarbeiter der Vereinten Nationen waren, auch Hammarskjölds Sekretärin. Sture Linnér, UN-Missionschef im Kongo, war ebenfalls bereits an Bord, doch wegen der extrem angespannten Lage bat Hammarskjöld seinen Vertrauensmann unmittelbar vor dem Abflug, wieder auszusteigen und in der Hauptstadt zu bleiben. Er begleitete ihn selbst aus dem Flugzeug und rettete ihm so das Leben (Linnér starb im Frühjahr 2010). Die genaue Flugroute unterlag strenger Geheimhaltung. Die Maschine flog ohne Begleitschutz von Jagdfliegern einen weiten Bogen um die Gefahrengebiete; Hammarskjöld war sich des Risikos bewusst.

Gegen Mitternacht näherte sich die Maschine dem Flughafen in Ndola und hatte bereits Funkkontakt mit dem Tower aufgenommen. Dann bemerkten Flughafenmitarbeiter ein Leuchten am nächtlichen Horizont. Die Sondermaschine war in ein Buschland mit Bäumen gestürzt und brannte. Erst am nächsten Nachmittag waren Einsatzkräfte an der Unglückstelle, wo im Umkreis von circa 200 Metern Trümmerteile lagen. Von den Passagieren lebte nur noch ein amerikanischer UN-Sicherheitsbeamter, der jedoch bald darauf seinen Verletzungen erlag. Hammarskjöld hatte die Angewohnheit, im hinteren Teil der Maschine Platz zu nehmen, um ungestört arbeiten zu können. Seine Leiche fand man etwas abseits vom Wrack, in seiner Aktentasche das Neue Testament und die Psalmen sowie Bubers „Ich und Du" mit sieben Manuskriptseiten der Übersetzung ins Schwedische. Nach rechtsmedizinischem Gutachten hätte er auch nicht überlebt, wenn man ihn früher notärztlich hätte versorgen können.

Über die Ursachen des Absturzes kursieren bis heute viele Mutmaßungen: ein Abschuss aus der Luft oder vom Boden, Sabotage, technisches Versagen oder ein Pilotenfehler? Ein Mordkomplott oder Unglück? Unabhängige Ermittlungen führten zu keinem klaren Ergebnis. Das Fazit im Bericht der UN-Kommission im Mai 1962 lautete, es gebe keinerlei Beweise, die eine der Spekulationen tatsächlich bewahrheiten oder eine der genannten möglichen Ursachen ganz ausschließen könnten. In einem vom schwedischen

Außenministerium Anfang der 90er-Jahre veranlassten Untersuchungsbericht ist zu lesen, dass die meisten Anzeichen darauf hindeuten, dass der Pilot die Flughöhe vor der Landung nicht richtig eingeschätzt habe und die Maschine deshalb abgestürzt sei.

Die tatsächlichen Hintergründe der Katastrophe, die Frage, ob Hammarskjöld einem Mordkomplott zum Opfer fiel, sind bis heute nicht abschließend geklärt. Die Echtheit der 1998 der Südafrikanischen Wahrheitskommission zu dem Vorgang vorgelegten Dokumente, die auf ein Attentat deuten, ist umstritten; die USA und Großbritannien bestreiten deren Echtheit, und selbst der Friedensnobelpreisträger Bischof Desmond Tutu hegt daran Zweifel. Es bleibt also abzuwarten, bis weiteres Archivmaterial der Geheimdienste zur Klärung der Fakten ans Licht kommt.

Die Särge der schwedischen UN-Mitarbeiter wurden in ihr Heimatland überführt, wo Hammarskjöld mit einem Staatsbegräbnis in der Kathedrale von Uppsala geehrt wurde. Sein plötzlicher Tod war nicht nur für die Schweden ein Schock, auch in anderen Ländern der Erde löste er Trauer und Betroffenheit aus. Bestattet wurde er im Familiengrab der Hammarskjölds im Alten Teil des Friedhofs von Uppsala. Auf einer der schlichten grauen Platten in der Grabbepflanzung vor einer wuchtigen steinernen Stele ist zu lesen: *Dag Hammarskjöld, 29.7.1905 – 18.9.1961, Generalsekretär der Vereinten Nationen.* In der Friedenskapelle des gotischen St.-Erik-Doms ist im Boden ein Gedenkstein eingelassen mit Hammarskjölds Lebensmaxime „Nicht ich, sondern Gott in mir", die seinem Tagebuch entnommen ist, worin er sie an zwei Stellen eingetragen hat; darunter steht sein Name mit den Jahreszahlen. Auch in der sambischen Stadt Ndola wurde für ihn ein Denkmal errichtet.

Bei der offiziellen Gedenkfeier in New York erklang die 9. Symphonie von Beethoven. Hammarskjöld selbst hatte sie bereits im Jahr zuvor zum Festakt am Tag der Vereinten Nationen aufführen lassen, am 24. Oktober 1960. In einer anschließenden kurzen Rede hatte er gesagt, dass sich die UNO Beethovens Bekenntnis zur Menschenwürde zu eigen mache; dabei nahm er Bezug auf die in der Präambel der UN-Charta erwähnte Bedrohung und sagte: „Wir sind noch in den ersten Sätzen, doch wie belastend die Schatten auch sein mögen, wie stark das Misstrauen in unserer Welt auch sein mag, es ist uns nicht gestattet zu vergessen, dass wir zu viel gemeinsam haben. Es ist zu groß für eine Aufspaltung der Interessen und zu viel, was wir – wir für uns und die kommenden Generationen – verlieren könnten, um in unseren Anstrengungen zur Überwindung der Probleme nachzulassen und nicht zu den einfachen menschlichen Werten zurückzukehren, die unser gemeinsames Erbe sind, ein festes Fundament, auf dem wir unsere Kräfte einigen und gemeinsam in Frieden leben können." In einer Fernsehansprache würdigte ihn US-Präsident Kennedy: „Dag Hammarskjöld ist tot, aber die Vereinten Nationen leben. Seine Tragödie ist tief in unseren Herzen; die Aufgaben aber, für die er starb, stehen ganz oben auf unserer Agenda."

Für seinen Einsatz zur Erhaltung des Weltfriedens wurde Dag Hammarskjöld noch im Jahr seines Todes postum mit dem Friedensnobelpreis geehrt. Im Namen des Osloer Nobel-Komitees überreichte der norwegische Botschafter Rolf Edberg die Urkunde im Audimax der Osloer Universität fünf Angehörigen seiner Familie. – Hammarskjölds Amtsnachfolger in New York wurde Sithu U Thant aus Birma (heute Myanmar), der sein Werk der Friedensvermittlung fortsetzte und schon bald die Kubakrise vor sich hatte.

Person und Ethos

Schon in jungen Jahren hatte sich Dag Hammarskjöld entschieden, seine Zeit gut zu nutzen, das Beste aus seinem Leben zu machen und sich nach Kräften für die Aufgaben einzusetzen, die das Leben ihm in der Zukunft stellen sollte. Seine Lebensentscheidung bestand darin, der Wahrheit nach seinem Gewissen zu dienen. Durch seine Erziehung, seine intellektuelle Hochbegabung, vielseitige Ausbildung und Wissen sowie durch seinen Erfahrungsreichtum war er auf seinen Dienst vorbereitet. Durch seine über die Jahre wachsende innere Souveränität und seine Selbstdisziplin vermochte er den zahlreichen Herausforderungen standzuhalten, die er zu bewältigen hatte. Ein starkes Durchhaltevermögen, des Weiteren eine hervorragende Gesundheit mit außergewöhnlicher physischer Kondition kamen ihm dabei zugute. Er brauchte oft nur wenige Stunden Schlaf, um sich zu erholen, und arbeitete in Krisenzeiten manchmal Tag und Nacht, bis zu 20 Stunden. Auch sein ausgeprägter Sinn für Ordnung und sein phänomenales Gedächtnis trugen dazu bei, dass er im Stress und in der Hektik seines beruflichen Alltags meist den Überblick zu behalten und besonnen zu handeln vermochte.

In der direkten Zusammenarbeit mit anderen war ihm sein außergewöhnlicher Intellekt bisweilen im Weg. Er verfügte über ein so umfangreiches Wissen, dass er andere damit nicht selten überforderte und dies selbst oft zunächst wohl gar nicht merkte. Meist ging er davon aus, dass jeder alles verstand, was er sagte. Hammarskjöld neigte dazu, die hohen Ansprüche, die er an sich selbst stellte, auch auf seine engsten Mitarbeiter zu übertragen. Hin und wieder reagierte er ungeduldig, wenn es nicht so schnell ging, wie er sich das vorstellte. In solchen Situationen fiel es ihm des Öfteren schwer zu verstehen, dass andere für die Erledigung bestimmter Aufgaben mehr Zeit brauchten. Im monotonen Arbeitsalltag hatte Hammarskjöld gelegentlich seine Freude an kleinen Späßen; er verstand es auch, seine Mitarbeiter mit spontanen Bonmots zu erheitern.

Da er keine eigene Familie hatte, konnte er seine Zeit so einteilen, wie er es für richtig hielt und wie es ihm selbst am besten erschien, abgesehen von den Terminen, die ohnehin durch die Agenda vorgegeben waren. Während einer Pressekonferenz meinte er einmal scherzend, man solle in die UN-Charta aufnehmen, der Generalsekretär müsse über eine eiserne Kondition verfügen und ledig sein. Wegen seines Arbeitspensums hätte er wenig Zeit gehabt, ein normales Familienleben zu führen. Ob eine Frau als Partnerin eines so stark beanspruchten Mannes auf Dauer glücklich geworden wäre, diese Frage bleibt offen. Um Freundschaften wirklich zu pflegen, hatte er meist wenig Zeit; dies bedauerte er, und er litt unter der damit einhergehenden Einsamkeit. Andererseits suchte er selbst oft bewusst Distanz und erkannte im Laufe der Jahre, dass er dadurch zunehmend die Vorteile innerer Unabhängigkeit und Freiheit gewann; er wusste sie zu nutzen. Wenn er Reden hielt, las er oft vom Blatt und wirkte dabei in seinem staatsmännischen Ernst mit monoton vorgetragenen, aber sehr präzise gewählten Worten zuweilen ein wenig steif und ermüdend auf seine Zuhörer. Er war wortgewandt, aber theatralische Gestik und emphatische Rhetorik waren seinem Charakter ebenso fremd wie jede Art von Allüren und Posen. Er notierte sich Stichpunkte und Notizen für seine Ansprachen und arbeitete sie dann aus, nicht selten tippte er sie selbst gewandt auf der Maschine.

Als UN-Generalsekretär hatte er eine anstrengende Reisetätigkeit zu bewältigen. Er war in vielen Ländern der Welt unterwegs, stets daran interessiert, fremde Kulturen kennenzulernen. Als er einmal gefragt wurde, wie er dabei seine persönliche Sicherheit sehe, erwiderte er, sie sei den ihm gestellten Aufgaben und den Interessen der Welt untergeordnet. Ein Jahr vor seinem Tod notierte er: „Gefragt, ob ich Mut habe, meinen Weg zu Ende zu gehen, gebe ich Antwort ohne Unterlass ..." Sein Dienen war geprägt von Demut in der ursprünglichen Bedeutung dieses Wortes: „dienstwillig" (althochdeutsch *dio-muoti*). Hammarskjöld sah diese Demut als Frucht des Vertrauens, das andere ihm entgegenbrachten, denen zu dienen er sich verpflichtet sah: „Demut, die aus dem Vertrauen anderer geboren wird." Er ging seinen Weg und stand zu der ihm aufgetragenen Verantwortung.

Seine knapp bemessene Freizeit nutzte er zum Lesen, Meditieren, zu langen Wanderungen in der Natur oder Skitouren im Winter. Hammarskjöld las viel, er liebte besonders symbolkräftige, bildreiche Lyrik, von der er sich bei der Gestaltung seiner Gedanken und eigenen Gedichte im Tagebuch anregen ließ. Neben der Bibel bevorzugte er herausragende Autoren der geistlichen Weltliteratur wie Thomas von Kempen, Meister Eckhart und Johannes vom Kreuz, aber auch den Scholastiker Thomas von Aquin. Ob er Martin Luthers Schriften gelesen hat, ist nicht belegbar. Er beschäftigte sich des Weiteren intensiv mit der klassischen chinesischen Weisheitsliteratur und dem mittelalterlichen Sufi-Mystiker Rumi; in der englischen Übertragung von Ezra Pound las er Konfuzius und zitiert im Tagebuch auch den konfuzianischen Klassiker Hsün-Tsu.

Zu seiner Lektüre gehörten ferner die Werke des Religionsphilosophen Martin Buber, mit dem er in den drei letzten Lebensjahren freundschaftlich verbunden war. Er las den Religionshistoriker Ernest Renan sowie den evangelischen deutschen Theologen Rudolf Otto, aber auch Friedrich Nietzsche und den Begründer der Analytischen Psychologie, Carl Gustav Jung, sowie viele weitere Autoren, die Grundfragen der menschlichen Existenz thematisieren. Über philosophische, religiöse und theologische Fragen diskutierte der Intellektuelle gerne mit anderen, wenn sich die Gelegenheit bot. Er meditierte häufig Texte der Bibel und schätzte besonders die jüdische Gebetstradition der Psalmen, die er im letzten Lebensjahrzehnt auch für sein persönliches Gebet verwendete, wovon sein Tagebuch zeugt.

Aus seiner Schulzeit kannte er die schwedische Literatur, darunter die großen Dramatiker Henrik Ibsen und August Strindberg. Zu seiner Lektüre gehörten ferner französische Literaten wie Charles Péguy und Léon Bloy, aber auch Werke seiner Zeitgenossen Jean Cocteau, Paul Claudel und Albert Camus. Er las Hölderlin, Hermann Hesse, T. S. Eliot, William Faulkner und andere Autoren der Weltliteratur.

Um sich zu entspannen, besuchte er gern Konzerte, wobei er die großen Werke klassischer Musik bevorzugte; in besonderer Weise schätzte er Ludwig van Beethoven. Überhaupt hatte er Gefallen an der Schönheit künstlerischen Schaffens; er liebte beispielsweise Bilder der großen französischen Impressionisten mit ihrer unvergleichlich schönen Darstellung von Licht und Schatten. Der modernen Kunst gegenüber war er aufgeschlossen; er stand im persönlichen Kontakt mit zeitgenössischen Künstlern, von denen er einige nach Kräften förderte. Hammarskjöld entwickelte im Laufe der Zeit einen fein ausgeprägten Sinn für Ästhetik, für das stilvoll Schöne. Schon als Student notierte er in seinem Tagebuch: „Schönheit war ein Ton, der die gespannten Saiten der Seele anschlug, wenn er vorbeiflog."

In freien Stunden fertigte er Übersetzungen ins Schwedische. Auf seiner letzten Reise in den Kongo hatte er Martin Bubers Hauptwerk „Ich und Du" (1923) zum Übersetzen bei sich. Ins Schwedische übertrug er ferner Texte des französischen Lyrikers Saint-John Perse, der auch Politiker war, seit 1914 im diplomatischen Dienst für Frankreich, und 1975 starb. Durch die Übertragung der „Chronique" des Franzosen ins Schwedische – gemeinsam mit seinem

Freund, dem Schriftsteller Erik Lindegren – trug er wesentlich dazu bei, dass Saint-John Perse 1960 der Nobelpreis für Literatur zuerkannt wurde. Dessen Ansprache anlässlich der Verleihung in Stockholm übersetzte Hammarskjöld selbst in seine Muttersprache. Auch die schwedische Fassung des autobiografisch gefärbten Familiendramas „The Antiphon" (Wechselgesang) der US-Amerikanerin Djuna Barnes (1892–1982) stammt von ihm; dieses ergreifende Zeugnis innerer Heimatlosigkeit und seelischer Verletzung konnte so auch in Stockholm aufgeführt werden.

Hammarskjöld ist in seinen letzten Lebensjahren Martin Buber nachweislich dreimal persönlich begegnet. Am 18. April 1958 lud er ihn zu sich in sein Büro im 38. Stock des UNO-Gebäudes ein, als der Religionsphilosoph zu einem Vortrag in den USA weilte. Im September 1958 und Januar 1959 war er Gast bei Buber in Jerusalem. Dabei einigte er sich mit ihm, zwei seiner Essays ins Schwedische zu übersetzen: „Zwiesprache" und „Die Frage an den Einzelnen" sowie Auszüge aus „Das Problem des Menschen". Er führte zu jener Zeit eine rege Korrespondenz mit Buber; der letzte Briefwechsel zwischen den beiden datiert vom August 1961. Zu diesen geplanten Übersetzungen kam es zwar nicht; doch Hammarskjöld begann mit der Übersetzung von „Ich und Du", Bubers Grundlegung der Philosophie des Dialogs, wegen der feinen Nuancen seiner deutschen Sprache mit ganz eigenen Wortschöpfungen enorm herausfordernd. Nach dem Flugzeugabsturz bei Ndola fand man im Quartier Sture Linnérs in Léopoldville, wo Hammarskjöld zu Gast war, 14 maschinengeschriebene Seiten der

Erster Teil: SEIN LEBEN

Übersetzung aus dem Ersten Teil von „Ich und Du", und – wie erwähnt – weitere sieben Manuskriptseiten in seiner Aktentasche, die er auf dem Flug nach Ndola bei sich hatte.

In den Gesprächen mit dem jüdischen Religionsphilosophen fand Hammarskjöld weite Übereinstimmung in den Interessen. In einem persönlichen Brief an Erik Lindegren schrieb Hammarskjöld, Buber habe mit ihm über die entmenschlichte Existenz gesprochen, in der ein normaler Dialog nicht mehr möglich sei, im Besonderen nicht unter Verantwortlichen in der Politik. Buber selbst würdigte Hammarskjöld in einem Nachruf 1962 im Schwedischen Rundfunk: „Wir begegneten einander in dem Gebäude der ziemlich merkwürdigerweise so genannten Vereinten Nationen […], er an vorderster Front in der internationalen Verantwortung und ich in der Einsamkeit eines Elfenbeinturms, von dem aus man gute Aussicht auf das Auseinanderdriften und die Krisen des Planeten hat." Beide waren sich einig in der Wahrnehmung des universalen Misstrauens, vor allem zwischen den Staatslenkern und Machtblöcken, dem sie entgegenwirken wollten. Statt Zerstörung und Vernichtung war ihr gemeinsames Ziel Kooperation – und nicht eine „Koexistenz", die in der damaligen Sprachregelung zwischen Ost und West als *„friedliche* Koexistenz" propagiert wurde.

Durch sein Leben und seinen Tod hat Dag Hammarskjöld ein Zeugnis eines beispielhaften Einsatzes gegeben; durch seine Arbeit in der Führung der UNO wurde er als Mensch und Politiker zu einem Leitbild. Für die Grundlegung seiner Ethik orientierte er sich wie seine Mentoren Nathan Söderblom, Henri Bergson, Albert Schweitzer und

Martin Buber an der Lebensbejahung der großen Meister des geistlichen Lebens im Spätmittelalter und in der beginnenden Neuzeit. Sein Menschenbild gründete auf dem, was der Prophet Maleachi in zwei Fragen zum Ausdruck bringt: „Haben wir nicht alle denselben Vater? Hat Gott uns nicht alle erschaffen?" (Mal 1,11). Ethisch orientierte er sich aber nicht nur an christlichen oder jüdischen Leitgestalten, sondern auch an Grundideen asiatischer und muslimischer Weisheit. Hammarskjöld grenzt sich in seinem Tagebuch deutlich von einem Mystikverständnis ab, das der menschlichen Alltagsrealität enthoben ist. Auch Buber lehnte es ab, als Mystiker bezeichnet zu werden.

Trotz seiner erfolgreichen Karriere in Schweden und wachsender Anerkennung in der schwierigen Zeit als Generalsekretär trug er immer eine unerfüllte Sehnsucht in sich. Auf ganz eigene Weise war er ein von tiefen religiösen Überzeugungen und den darauf gründenden ethischen Werten geprägter Mensch. Nach außen legte er das, was ihn innerlich bewegte und motivierte, nie bloß; seine innere Einstellung bestimmte aber wesentlich die besondere Art seines Handelns und seinen Umgang mit anderen. Er war ein Mensch seiner Zeit, blieb zeitlebens ein Suchender und Fragender, ein mit sich und mit Gott Ringender. Dieser verborgene Aspekt seines Lebens wurde erst durch die Veröffentlichung seiner persönlichen tagebuchartigen Aufzeichnungen nach seinem Tod offenkundig, ein literarisches Zeugnis und geistliches Vermächtnis von außergewöhnlichem Rang.

Hammarskjöld hatte 1957 in der Nähe von Ystad ganz im Süden Schwedens kurz hinter den Ostseedünen das kleine ländliche Anwesen Backåbra erworben. Er wollte es als Ferienhaus und später als Altersruhesitz nutzen. Das Gebäude inmitten einer wunderschönen Naturlandschaft hat er dem Schwedischen Tourismusverband als Erbe hinterlassen, der dort ein Museum mit Möbeln, Kunstwerken und Büchern aus seinem Besitz eingerichtet hat; in den Sommermonaten ist es für die Öffentlichkeit zugänglich. Ein Jahr nach seinem Tod wurde die unabhängige *Dag-Hammarskjöld-Foundation* in Uppsala ins Leben gerufen, ein unabhängiges Forum für die Verbreitung jener Werte, für die er stand, die ihm Orientierung und Motivation gegeben haben. Die Universitätsbibliothek von Uppsala trägt heute seinen Namen, ebenso Schulen, Straßen und Plätze.

Zum Gedenken an seinen 100. Geburtstag fanden 2005 Feiern und Veranstaltungen statt; vor allem in seinem Heimatland wurde seiner gedacht. Im alten Wasa-Schloss in Uppsala wurde in jenem Jahr das Schwedische Friedensmuseum eingeweiht, das der Erinnerung an ihn und an die Beteiligung schwedischer Soldaten an UN-Friedenseinsätzen gewidmet ist. Die Schweden sind mit Recht stolz auf ihren berühmten Landsmann, dem die Menschheit viel zu verdanken hat. Hammarskjöld hat unauslöschliche Spuren hinterlassen; doch im kollektiven Gedächtnis der Welt ist er eher vage präsent als tödlich verunglückter UN-Generalsekretär. Manche kennen immerhin sein Tagebuch oder verschiedentlich zitierte Stellen daraus.

Am 18. September 2011 jährt sich der Todestag dieses großen Zeugen unserer Zeit zum 50. Mal.

Zweiter Teil
SEIN TAGEBUCH

Im Nachlass Hammarskjölds in seiner New Yorker Privatwohnung fand man ein Manuskript, eine Mappe mit vielen losen Blättern. Es war ein sorgfältig aufbereitetes Typoskript von eigener Hand: seine tagebuchartigen Aufzeichnungen ab dem Jahr 1925 bis kurz vor seinem Tod. Dem war ein undatierter Brief an seinen Freund, den Diplomaten Leif Belfrage (1910–1990), beigefügt. Der Adressat war ein früherer Arbeitskollege, wie Hammarskjöld Wirtschaftsexperte und zeitweise Kabinettssekretär, später Botschafter Schwedens in London. Die beiden hatten sich während ihrer gemeinsamen Tätigkeit im schwedischen Außenministerium kennengelernt. Dieses Schreiben an den Freund hat folgenden Wortlaut:

„Lieber Leif, vielleicht erinnerst Du Dich daran, dass ich Dir einmal sagte, dass ich trotz allem eine Art Tagebuch geführt habe und wollte, dass Du Dich irgendwann seiner annähmest. Hier ist es. Begonnen wurde es ohne einen Gedanken daran, dass jemand es sehen sollte. Durch mein späteres Schicksal, mit allem, was über mich geschrieben und gesagt worden ist, hat sich die Lage verändert. Die Notizen ergeben das einzig richtige ‚Profil‘, das man zeichnen kann. Und deshalb habe ich in späteren Jahren mit einer Veröffentlichung gerechnet, obwohl ich weiterhin für mich selbst

und nicht für ein Publikum schrieb. Wenn Du findest, dass sie verdienen gedruckt zu werden, bist Du berechtigt, in dieser Weise zu handeln – als eine Art ‚Weißbuch' meiner Verhandlungen mit mir selbst – und Gott. Dag."
Hammarskjöld muss also irgendwann mit seinem Freund Leif über dieses Tagebuch gesprochen haben; ob er es auch anderen gegenüber erwähnt hat, ist nicht bekannt und wegen seiner extremen Zurückhaltung, sich über Persönliches zu äußern, eher unwahrscheinlich.

Die thematisch weit gefächerten Tagebuchnotizen gewähren Einblicke in sein Denken und seine geistige Welt, sie zeugen von einer jahrzehntelangen inneren Auseinandersetzung. Er konnte und wollte über sein inneres Leben nicht sprechen; die Entscheidung, die Öffentlichkeit nach seinem Tod daran teilhaben zu lassen, überließ er seinem Freund Leif. Das Begleitschreiben dokumentiert freilich, dass eine Veröffentlichung dieser Aufzeichnungen durchaus Hammarskjölds Wunsch entsprach.

Der literarische Befund

Literarisch, formal und inhaltlich ist dieses Tagebuch ein in seiner Art einmaliges Dokument. Mit offensichtlich ganz sporadischen Aufzeichnungen hatte Hammarskjöld als 20-jähriger Student begonnen; wahrscheinlich waren sie ursprünglich nicht als Tagebuch gedacht, eher als persönliches Notizbuch, in dem er momentane Gedanken und Eindrücke festhielt. Dafür spricht zunächst die fast durchgehend unscharfe chronologische Zuordnung und Gliederung: Im ersten Teil sind die Einträge nur summarisch mit Jahreszahlen versehen, wobei jeweils mehrere Jahre in Blöcken zusammengefasst sind. Da sind die inhaltlich sehr unterschiedlichen Notizen den einzelnen Jahren zeitlich mit wenigen Ausnahmen nicht zuzuordnen, bestimmten Tagen oder Monaten schon gar nicht. Dieser erste Zeitraum von 1925 bis 1930 unter dem Titel „So war es" enthält 16 kurze Aufzeichnungen, die Hammarskjölds innere Not in seiner Studentenzeit sichtbar werden lassen.

Die folgenden 23 Aufzeichnungen unter der Überschrift „Zwischen-Jahre" stammen erst wieder aus der Zeit von 1941 bis 1942. Sie zeugen von zunehmender Selbsterkenntnis und Auseinandersetzung mit religiösem Gedankengut. Der nächste Zeitraum umfasst die Nachkriegsjahre 1945 bis 1949, die Hammarskjöld unter dem fragenden „Zu neuen Ufern?" zusammengefasst hat und die teilweise auf eine starke innere Auseinandersetzung und Krise schließen lassen. Die drei Zwischentitel für diese größeren Zeitblöcke sind von Hammarskjöld nachträglich eingefügt worden, möglicherweise im Zusammenhang mit dem Brief an Belfrage und seinem späten eigenen Wunsch einer Veröffentlichung.

Erst ab 1950 beginnt Hammarskjöld mit der regelmäßigen Zuordnung einzelner Jahre, doch Datumsangaben fehlen zunächst weiter. Das Jahr 1950 stellt er unter den Titel „Bald naht die Nacht". Mit diesen vier Worten beginnen dann bis 1954 seine Eintragungen zum jeweiligen Jahresbeginn, ebenso für das Jahr 1957. „Bald naht die Nacht, da jeder von uns von hinnen scheidet", diese Worte entstammen der letzten Strophe eines Gedichts über die Vergänglichkeit, das in Schweden auch als Kirchenlied gesungen wird. Autor ist der aus Finnland stammende Bischof Frans Michael Franzén (1772–1847), der ab 1809 in Schweden lebte und in schwedischer Sprache dichtete. Dag war dieser besinnliche Hymnus sehr vertraut, weil seine Mutter ihn früher oft an Neujahrstagen in der Familie vorgetragen hatte.

Das erste genaue Datum im Tagebuch ist der 7. April 1953, als er Generalsekretär der Vereinten Nationen wurde. Hammarskjöld trägt an dem Tag ein Wort des Thomas von Kempen aus dem Kapitel „Dankbarkeit für Gottes Gnade" ein (Nachfolge II,10,3), in dem dieser über die Heiligen sagt: „In Gott gegründet und gefestigt, können sie sich nicht überheben. Die alles, was sie Gutes empfangen haben, Gott zuschreiben, suchen von anderen keinen Ruhm. Sie suchen einzig nur die Ehre, die von Gott kommt." Dieses wichtige Datum in seinem Leben hat Hammarskjöld wahrscheinlich ganz bewusst eingefügt, möglicherweise auch erst später. Es kann ein Hinweis darauf sein, dass er bereits von dem Tag an damit rechnete, dass seine Aufzeichnungen irgendwann der Öffentlichkeit zugänglich würden. Ab der Zeit jedenfalls finden sich eine ganze Reihe exakter Tages- und Monatsangaben, unter denen dann zahlreiche weitere Einträge folgen, die zwischendurch zu unterschiedlichen Zeitpunkten entstanden sein dürften.

Die Zeit erscheint im Tagebuch in der Wahrnehmung des Augenblicks, der für ihn im Laufe der Jahre eine besondere Bedeutung bekam.

Der literarische Befund

Das Tagebuch besteht aus insgesamt etwa 520 meist kurzen Einträgen verschiedener literarischer Gattungen, reich an Metaphern und anderen rhetorischen Figuren, teilweise in poetischer Gestalt; viele haben den Charakter von Aphorismen oder leichter verständlichen Sentenzen. Es ist gleichsam eine Anthologie der Früchte seiner Reflexion und Meditation, sprachlich sehr gewählt. In der oben genannten Zählung sind die mehrstrophigen Gedichte, die Hammarskjöld vor allem in seinen letzten Lebensjahren verfasste, als Einheiten mit eingerechnet. Dabei handelt es sich größtenteils um kurze Dreizeiler in der japanischen Haiku-Gedichtform; diese lyrische Gattung besteht ursprünglich aus 17 Silben in drei Zeilen (5-7-5), die mit einer Pointe enden; diese Stilart spiegelt auch formal die äußerste Reduktion auf eine wesentliche Aussage. Hammarskjöld nutzte diese Form gern, ohne sich streng an die genaue Silbenzählung zu halten. Er gibt ihr am 4. August 1959 selbst in einem Haiku-Gedicht eine eigene Interpretation: „Siebzehn Silben / öffnen die Tür / für das Gedächtnis und seinen Sinn."

Viele „Strophen" seiner Gedichte, häufig in reiner Allegorie, stehen inhaltlich abgeschlossen für sich. Deshalb kann man sie auch getrennt voneinander lesen und einzeln mitzählen, sodass man dann auf eine Summe von etwa 650 Einträgen kommt. Auch in den stilistisch gefeilten Haiku-Gedichten findet sich ein mannigfaltig gefächerter Gedankenreichtum; sie sind vom Autor wohl nicht schnell in einem Zug zu Papier gebracht worden.

Hammarskjölds Tagebuch wurde erstmals 1963 in Schweden vom Verlag Albert Bonnier unter dem Titel „Vägmärken" publiziert; im Jahr darauf erschien es in englischer Übersetzung und wurde in den folgenden Jahren in weitere Sprachen übertragen. Ganz wörtlich bedeutet der Originaltitel „Wegmarken"; in der schwedischen Umgangssprache wird das Wort häufig für Verkehrsschilder verwendet, im übertragenen Sinn eher selten. Dem ursprünglichen Titel kann man eine Stelle im Buch Jeremia zuordnen:

„Stell dir Wegweiser auf, setz dir Wegmarken, achte genau auf die Straße, auf den Weg, den du gegangen bist" (Jer 31,21).

Diese Empfehlung des Propheten entspricht sinngemäß der Intention Hammarskjölds, denn seine „Wegmarken" dienten ihm zur Orientierung, als Kompass für seine weitere Route. Ein vom Autor bewusst gewählter Zusammenhang des Titels mit dem Jeremia-Vers ist nicht belegbar; doch im ganzen Tagebuch finden sich zahlreiche Bibelzitate in schwedischer oder englischer Sprache sowie viele Meditationsgedanken mit direktem Bezug zur Bibel. Die Bezüge zur Heiligen Schrift sind teilweise – vor allem im ersten Teil des Tagebuchs – nur angedeutet oder chiffriert und erst bei genauerem Hinsehen identifizierbar.

Zwei Jahre nach der Originalausgabe erschien das Buch in der Übertragung des Publizisten Graf Anton zu Innhausen und Knyphausen auch auf Deutsch unter dem Titel „Zeichen am Weg". Auch die deutsche Fassung wurde mehrmals neu aufgelegt, inzwischen auch leicht überarbeitet. Die Faszination des Tagebuchs ist trotz der in manchen Details nicht genauen deutschen Wiedergabe des Originaltextes erhalten geblieben, gleichwohl wird der Eindruck des

Torsohaften mancher Gedanken durch einige Sinnentstellungen verstärkt.

Die meisten Einträge verfasste Hammarskjöld in seiner Muttersprache; er wechselt gelegentlich aber auch, vor allem zitierend, in andere Sprachen. Für seine Gebete, die er erst ab 1954 einträgt, verwendet er häufiger Psalmverse, die er nach der von ihm benutzten englischen Bibelausgabe zitiert, welche heute eher fremd klingt. Das gilt ebenso für Texte aus *The Book of Common Prayer*, einer mit dem „Schott" vergleichbaren anglikanischen Kirchenagende.

Englisch sind ferner Zitate aus der altchinesischen Weisheitsliteratur sowie englischsprachiger Autoren und ein Ausspruch des Sufi-Mystikers Rumi.

In Französisch finden wir kurze Einschübe im Fließtext sowie Worte französischer Autoren wie Blaise Pascal, aber auch die Zitate aus der „Nachfolge Christi" des Thomas von Kempen entstammen einer französischen Übersetzung der ursprünglich lateinischen Fassung. Ebenso zitiert er Thomas von Aquin aus einer französischen Übertragung, Saint-John Perse hingegen aus seiner eigenen ins Schwedische.

Original im deutschen Wortlaut findet man des Öfteren Gedanken von Meister Eckhart sowie ein kurzes Hölderlin-Zitat. In mehreren Einträgen sind ganz kurze lateinische Redewendungen eingeflochten. Dieser häufige Wechsel in der Sprache deutet darauf hin, dass der Autor bei der Abfassung nicht beabsichtigte, seine Aufzeichnungen anderen zum Lesen zu geben; er selbst brauchte keine Übersetzungen.

Zweiter Teil: SEIN TAGEBUCH

Als Quelle hat bei der Entstehung vieler Texteinträge neben der Heiligen Schrift die „Nachfolge Christi" des Thomas von Kempen eine wichtige Rolle gespielt; darüber hinaus die Werke der beiden Dominikaner Meister Eckhart und Johannes Tauler sowie des Spaniers Johannes vom Kreuz. Viele der von Hammarskjöld aufgezeichneten Lebensweisheiten findet man bei diesen Autoren gedanklich in ähnlichen Formulierungen oder sogar wörtlich übernommen, wie beispielsweise die Abwandlung der Vaterunser-Bitten: „Geheiligt werde dein Name, nicht der meine. Dein Reich komme, nicht das meine. Dein Wille geschehe, nicht der meine." Thomas von Kempen verwendet genau diese Formulierung (vgl. Nachfolge III, 40, 4). Immer wieder findet man weitere eingeflochtene Zitate zahlreicher Autoren, auch von Zeitgenossen Hammarskjölds, an die er anknüpft und die er in seinen Gedanken verarbeitet.

Einige Einträge vermitteln den Eindruck aneinandergereihter Gedankentorsos. Seine Aussagen sind unpathetisch, selbst in poetischer Gestaltgebung, sehr ernst und tiefgründig, beeindruckend in ihrer extremen Reduktion auf Kerngedanken. Bezeichnenderweise setzt Hammarskjöld seinem Tagebuch als Leitmotto ein Wort des schwedischen Dichters und Zeitgenossen Bertil Malmberg voran: „Nur die Hand, die ausstreicht, kann das Rechte schreiben."

Auch diese Aussage legt die Vermutung nahe, dass Hammarskjöld das Ganze irgendwann sorgsam aufbereitet, die Titel eingefügt, wahrscheinlich auch im Blick auf die Veröffentlichung Textmaterial aussortiert und manches bewusst chiffriert hat. Dabei verwendet er häufiger auch Kurzparabeln, in denen das Subjekt in der 3. Person steht. Der Grund dafür, dass für die Jahre 1931 bis 1940 sowie 1943 bis 1944 gar keine Eintragungen vorhanden sind, ist nicht bekannt. Es kann durchaus sein, dass „die Hand, die ausstreicht", ganz bewusst manches in den Papierkorb wandern ließ.

Die meisten Aufzeichnungen erscheinen selbst nach mehrmaligem Lesen zusammenhanglos. Sie bieten sich dem Leser dar als Fragmente aus der Gedankenwelt des Autors. Aufgrund des aphoristischen Stils kann man an jeder Stelle des Tagebuchs mit dem Lesen beginnen; dabei bietet jeder Gedanke, jedes Zitat oder Gebet Anlass zur weiteren eigenen Reflexion oder Meditation. In der geistigen Welt Hammarskjölds gehören die Aufzeichnungen jedoch als Ganzes zusammen und vermitteln trotz aller Skizzenhaftigkeit ein außergewöhnliches, wenn auch im Letzten unscharf bleibendes Profil seiner inneren Persönlichkeit. Diese geistliche Dimension seines Lebens war vor der Veröffentlichung des Tagebuchs so niemandem bekannt und löste dann großes Staunen, Zustimmung, aber auch scharfe Ablehnung aus.

Der Eindruck des Fragmentarischen hängt mit der Grundthematik des Tagebuchs zusammen: Der Autor setzt sich darin in verschiedenen Lebensphasen über 35 Jahre, mit mehr oder weniger langen zeitlichen Unterbrechungen, aus seiner momentanen Situation und ganz persönlich mit existenziellen Fragen und Gedanken auseinander. Die Einträge nehmen Bezug auf das Geheimnis des Menschen und fortschreitend auf Hammarskjölds Gotteserfahrung: Die Tiefe des Menschenherzens und die Gedanken seines Geistes sind unergründbar (vgl. Jdt 8,7). Die Faszination der Lektüre liegt jedoch darin, den angedeuteten Spuren seines inneren Weges und Schicksals zu folgen, zumindest Einblicke zu gewinnen und sich als Leser dadurch gedanklich anregen zu lassen.

Der vordergründig fehlende Zusammenhang der Einträge ist ein weiteres Indiz dafür, dass sie ursprünglich nicht für ein Publikum bestimmt waren. Der Autor kannte den Kontext und die Lebenssituation, in der sie entstanden und von Bedeutung waren; er musste nichts erklären oder mit Fußnoten versehen. Es ist auch deshalb kein Tagebuch im herkömmlichen Sinn, eher eine autobiografische Landkarte mit den Wegmarken seines inneren Werdegangs.

Die lose aneinandergereihten Fixpunkte dieses Weges spiegeln grundlegende Erkenntnisse, Einsichten und Fragen des Autors; die streiflichtartigen losen Mosaiksteine lassen ein wenig sein intellektuelles und geistliches Profil erkennen, doch es wäre vermessen, daraus ein abgerundetes Porträt rekonstruieren zu wollen.

Die Aufzeichnungen sind keine Memoiren im üblichen Sinne, zumal sich historische Hintergründe und Zusammenhänge höchstens erahnen lassen. Es geht Hammarskjöld nicht darum, der Nachwelt seine Leistungen zu überliefern; eine derartige Eigeninszenierung entsprach weder seinem Selbstverständnis noch seinem selbstkritischen Charakter und auch nicht seiner Wahrheitsliebe. Obwohl historische Ereignisse wie gesagt nur im Hintergrund erscheinen, sozusagen zwischen den Zeilen, haben Hammarskjölds Aufzeichnungen dennoch einen realen Gegenwartsbezug. Sie liefern eine äußerst nüchtern reflektierte, sich selbst gegenüber schonungslose Innenansicht seiner jeweiligen Lebenssituation – als „Wegmarken" für sich selbst.

Hammarskjöld gab sich selbst immer wieder Rechenschaft, aber als jemand, der kein Aufhebens von sich machte. Gleichwohl sehnte er sich nach aufrichtiger menschlicher Anerkennung und bekennt dies schon früh ganz offen: „Dich ekelt vor Schmeicheleien – aber wehe dem, der deinen Wert nicht anerkennt."

Ihm war daran gelegen, dass seine schriftlich festgehaltenen Selbsterkenntnisse nicht in einem Selbstbetrug mündeten. Bezeichnend ist ein Tagebucheintrag aus dem Jahr 1956, als er bereits den Wunsch einer Veröffentlichung hegte: „Du fragst, ob diese Aufzeichnungen nicht letztlich ein Betrug an dem Lebensweg sind, den du dir vorgeschrieben. Diese Aufzeichnungen? Sie waren Wegweiser, aufgerichtet, als du an einen Punkt kamst, wo du sie brauchtest, einen festen Punkt, der nicht verloren gehen durfte. Und das sind sie geblieben. Dein Leben aber hat sich verändert, und du rechnest nun mit möglichen Lesern. Vielleicht wünschst du sie sogar! Für manchen könnte es doch von Bedeutung sein, einen Schicksalsweg zu verfolgen, über den der Lebende nicht sprechen mochte. Ja, aber nur wenn deine Worte aufrichtig sind, jenseits von Eitelkeit und Selbstbespiegelung."

Schon in den „Zwischen-Jahren" setzt er sich mit der Gefahr einer möglichen Selbsttäuschung auseinander: „Besteht nicht des Menschenlebens pathetische Größe zum guten Teil in diesem ewigen Missverhältnis zwischen ehrlichem Streben und nichtigem Ergebnis – in dieser Welt des lebensbejahenden Selbstbetrugs? Dass wir uns alle – jeder Einzelne – ernst nehmen, ist nicht nur lächerlich."

Die Früchte seines Nachdenkens über existenzielle Fragen, seiner Meditation und Lektüre fasste er häufig in kurze Resümees. Er notierte sie in einer Art „geistigem Stenogramm", teilweise in Gestalt von übernommenen Zitaten, in den letzten Lebensjahren dann aber auch in Gebeten und vermehrt in eigenen Gedichten. Gerade in ihrer Fragmenthaftigkeit zeugen die gewonnenen Erkenntnisse über den Sinn des Lebens und der Geschichte, über sein eigenes Verhalten, über seine Fragen und Zweifel von jener Wahrheit, über die Paulus im Ersten Korintherbrief schreibt: „Stückwerk ist unser Erkennen ..." (1 Kor 13,9). So sind die Aufzeichnungen Spiegelbild seines Suchens, dessen, was er dabei erfahren und gefunden hat, was ihm an Weisheit und Erkenntnis geschenkt und zuteil wurde – aber auch dessen, was für ihn bis zum Ende offen und ungewiss blieb.

Ja, er gab sich selbst Rechenschaft, wollte aber bei aller Zurückhaltung in den letzten Jahren seines Lebens auch andere daran teilhaben lassen. Schon in einem Eintrag aus dem Jahr 1952 klingt dies fragend an: „Lächerlich, dieses Mitteilungsbedürfnis! Warum bedeutet es so viel, dass wenigstens einer die Innenseite deines Lebens sieht? Wofür schreibst du dies, gewiss durchaus für dich selbst, aber auch, vielleicht auch für andere?"

Aus seinen Worten an Belfrage, „mit allem, was über mich geschrieben und gesagt worden ist ...", spricht Verletzung, das Gefühl, nicht wirklich verstanden worden zu sein.

Nachweislich wünschte er sich die Veröffentlichung seiner Aufzeichnungen Ende 1956, als während des Ungarnaufstands die Kritik an seiner Person eine verletzende Schärfe annahm (ähnlich in der Kongokrise). Doch in seinem Tagebuch findet sich keine persönliche Anklage, in einem Haiku-Dreizeiler aus dem Jahr 1959 aber klingt chiffriert etwas von seinen Empfindungen an: „Man schrieb ihm die Schuld zu. / Er fühlte sie nicht, / aber bekannte sie."

Die Tagebuchaufzeichnungen zeugen von einem hohen Maß selbstkritischer Reflexion: Er stellte nicht andere infrage, sondern sich selbst. Nirgendwo findet man eine persönliche Kritik an anderen; nach Namen lebender Politiker der Zeitgeschichte sucht man vergeblich. Hammarskjöld bleibt stets sachlich, keine Spur von feindlichem Zynismus. Das Tagebuch ist zugleich Zeugnis seiner ethischen Wertmaßstäbe, die im Laufe der Zeit an Kontur gewannen. Es ist das ganz intime geistliche Tagebuch eines Menschen des 20. Jahrhunderts mit all seinen Nöten. Vor dem Hintergrund dieser Zeit, aus der inneren Perspektive Hammarskjölds, ist es ein bedeutendes Dokument der Geistesgeschichte. Dabei ist es im Ganzen zu unpathetisch, um auch nur annähernd fromm zu wirken. Die gewonnenen Selbsterkenntnisse führten ihn selbst nicht zuletzt dazu, seine ganz persönliche Berufung zu erkennen und zu festigen. Diese bestand für ihn in der Bereitschaft zum Dienen und in der Übernahme von Verantwortung für andere – als Mensch und als Politiker. Sein Tagebuch dürfte zu den relativ wenigen Büchern gehören, die die Zeit weit überdauern.

Zur Rezeption des Buchs

Die Rezeption des Hammarskjöldschen Tagebuchs hat eine äußerst merkwürdige Geschichte. Das Sonderbarste besteht wohl darin, dass erstmals von vielen ein geistliches Tagebuch zur Kenntnis genommen wurde, denen das Denken und die geistige Welt, in der sich der Autor bewegt, völlig fremd war und die sich normalerweise mit solcher Lektüre nie beschäftigen würden. Die meisten hatten sich von einem Staatsmann und Politiker wie Hammarskjöld etwas ganz anderes erwartet. Zur politischen Situation, zu seiner Funktion in den Vereinten Nationen und erstaunlicherweise auch zu seinem Hauptanliegen, dem Weltfrieden, äußert er sich nur sehr indirekt, fast gar nicht; das Wort „Generalsekretär" kommt in seinem Tagebuch nicht vor.

Das Buch wurde anfänglich zu einem Bestseller und fand weltweit beachtliche Resonanz, nicht nur unter Christen, sondern auch unter Juden, Buddhisten und Hindus, ja selbst unter Freidenkern und Agnostikern. Es löste vor allem in den ersten Jahren nach der Publikation unterschiedlichste Reaktionen aus, insgesamt offenbar weit mehr Skepsis und Fragen als Verständnis. Hammarskjölds Aufzeichnungen stießen auch auf prinzipiellen Widerspruch, sie führten zu einer Vielzahl teilweise abenteuerlicher Interpretationsversuche und Mystifizierungen, in denen der Zusammenhang mit den tatsächlichen Lebensumständen des Autors oft völlig übergangen wurde. Die geschichtlichen Fakten seines Werdegangs sind mehr oder weniger bekannt – und doch gehört zum Schicksal der Hammarskjöldschen „Wegmarken" seit ihrer Veröffentlichung die Beliebigkeit ihrer Deutung. Sie wurden eigenwillig interpretiert, bewundert, aber auch – zuweilen sogar spottend – geschmäht. Sein Tagebuch weckte nicht nur staunende Anerkennung und Bewunderung, sondern sorgte auch für Verwirrung, bis hin zum Vorwurf, es lasse paranoide Züge erkennen. Als geistliches Tagebuch spiegelt es tatsächlich ein Denken jenseits der Norm; diese Aufzeichnungen eines außergewöhnlichen Grenzgängers im turbulenten 20. Jahrhundert sind weit entfernt vom Mainstream, von gängigen Weltanschauungen, dennoch entbehren sie keineswegs der Realität und Wahrheit: Der Glaube an Gott widerspricht nicht der Vernunft, er übersteigt sie.

Dass Hammarskjöld und sein Tagebuch heute nicht mehr die gleiche Beachtung finden wie vor vierzig, fünfzig Jahren, liegt nahe. Das politische Geschehen der 50er-Jahre ist weitgehend nur noch in Schlagworten präsent. Auch die über fast fünf Jahrzehnte veröffentlichte, im Detail teilweise mangelhafte deutsche Übersetzung dürfte dazu beigetragen haben, dass sich das Interesse an Hammarskjölds Aufzeichnungen in Grenzen hält. Die englische Übersetzung „Markings" erschien als erste schon 1964 und wurde von einem Schweden in Zusammenarbeit mit dem Schriftsteller H. W. Auden sorgsamer erstellt; auch die französische Fassung „Jalons" erschien 1966 in Kooperation mit einem schwedischen Muttersprachler. Die italienische Ausgabe „Tracce di cammino", die spanische „Marcas en el camino" und die niederländische „Merkstenen" dürften von bereits vorliegenden Übersetzungen profitiert haben.

Zweiter Teil: SEIN TAGEBUCH

Die Tagebuchnotizen sind bislang nur wenig und zumeist wenig gründlich wissenschaftlich erforscht worden. Es gibt kaum eingehende Monografien zum Tagebuch, sie wären eine lohnende Arbeit. Auch evangelisch-lutherische Theologen sind mit Hammarskjöld und seinem Gedankengut offenbar nicht sonderlich vertraut, wie Karlmann Beyschlag in seinem Beitrag über ihn in dem Sammelband „Große Mystiker" bekennt. In dem dreizehnbändigen Werk „Die Geschichte des Christentums" wird Hammarskjöld gar nicht erwähnt. Sein Tagebuch bietet Ansätze für theologische, sozialethische und literaturwissenschaftliche Untersuchungen, die auch im interdisziplinären Diskurs fruchtbar sein könnten. Aber es gibt bislang keine einzige ausführliche literaturwissenschaftliche Studie zu diesem Tagebuch. Sicherlich mühsam, aber besonders erträglich wäre beispielsweise eine möglichst genaue Recherche im Blick auf die vielen Quellen und den geistigen Kontext, dem sie entnommen sind. Ein solcher Abgleich könnte Zusammenhänge verdeutlichen und erhellen, womit Hammarskjöld sich gedanklich beschäftigte, und so die Konturen seines Profils schärfen.

Es sind verhältnismäßig wenige Biografien über Hammarskjöld geschrieben worden. Bis heute gibt es keine deutsche Übersetzung der umfassenden Biografie von Brian Urquhart, mit Schwerpunkt auf seinem politischen Wirken. Auch an der 2001 erschienenen gründlichen Recherche des Schweden Bengt Thelin über die Kindheit, Schuljahre und Studentenzeit Hammarskjölds scheint im deutschsprachigen Raum kein Interesse zu bestehen. Ein deutscher Rezensent schreibt, das nähre lediglich die „Heiligenlegende".

Zur Rezeption des Buchs

Die sich im Tagebuch ausbreitende Gedankenfülle kann jeder Leser nach eigenem Standpunkt und persönlicher Interessenlage für sich interpretieren. Es bleibt die nie abschließend zu beantwortende Frage, inwieweit die verschiedenen, unvermeidlich subjektiv gefärbten Deutungen Hammarskjöld gerecht werden. Wer sich ein eigenes Bild machen möchte, sollte das Tagebuch selbst lesen und auf sich wirken lassen. Dazu wäre fünf Jahrzehnte nach Hammarskjölds Tod eine genauere deutsche Neuübersetzung wünschenswert.

Da die Aufzeichnungen wie gesagt zunächst nicht für eine Veröffentlichung bestimmt waren, sind sie im Blick auf den Leser gewissermaßen zweckfrei: Man kann sie unbefangen lesen; ihr Autor ist kein Moralist, er gibt lediglich Zeugnis von dem Ethos, das sein eigenes Leben, Denken und Handeln prägte.

Die folgenden Deutungen sind Versuche einer Annäherung. Sie gehen auf Grundthemen und Leitmotive ein, die im Tagebuch immer wieder anklingen: Einsamkeit und Schmerz, Dunkel und Licht, Wahrheit und Selbstbetrug, Schweigen und Lärm, Opfer und Tod, Gotteserfahrung und Gebet. Die thematische Zuordnung der unterschiedlichen Einträge kann vielleicht eine Hilfe sein, um ein wenig mehr Einblick in Hammarskjölds außergewöhnliches Denken und in seinen geistigen Weg zu gewinnen. Die dafür ausgewählten Tagebucheinträge sind nach der schwedischen Originalausgabe in der Übersetzung grammatisch überarbeitet, unter Berücksichtigung der neuen deutschen Rechtschreibung. Zur leichteren Lesbarkeit sind die fremdsprachigen Textstellen ins Deutsche übertragen.

Das nicht restaurierbare „Mosaik" von Hammarskjölds Profil bleibt in weiten Flächen offen. Nicht zuletzt gebietet der Respekt vor dem Geheimnis seiner Person, nichts füllen zu wollen, was man nicht schließen kann. Hammarskjölds Tagebuchaufzeichnungen sprechen ohnehin weitgehend für sich.

DER STACHEL DER EINSAMKEIT

Eines der hervorstechendsten Leitmotive in Hammarskjölds Tagebuch ist das Thema Einsamkeit, das Gefühl innerer Heimatlosigkeit, das sein Leben wesentlich prägte. Friedrich Nietzsche hat diese Befindlichkeit der inneren Verlorenheit des modernen Menschen wie kein anderer philosophisch diagnostiziert und drastisch veranschaulicht. Hammarskjöld bringt drei Tage vor Weihnachten 1957 ein Bild Nietzsches: „Der Narr schrie auf dem Markt. Keiner blieb stehen, um zu antworten. So bestätigte es sich, dass seine Thesen unwiderlegbar waren." Der Tagebuchschreiber zeigt diese seelische Not ganz unverbrämt: Die Bestandsaufnahme der zahlreichen Einträge, in denen er diese inneren Erfahrungen in vielen Schattierungen andeutet, vermittelt ein facettenreiches Bild über Jahrzehnte durchlebter Einsamkeit.

Die Worte „einsam" und „Einsamkeit" finden sich in 29 Einträgen im ganzen Tagebuch verteilt; thematisch spiegeln sie sich aber auch in anderen Aufzeichnungen, etwa in Metaphern wie Frost und Eiseskälte. Gleich im ersten Tagebucheintrag des 20-Jährigen heißt es: „Weiter werde ich hineingetrieben in ein unbekanntes Land. Der Boden wird härter, anstachelnder kalt die Luft. Berührt vom Winde meines unbekannten Ziels, zittern die Saiten im Warten."

Dem folgen viele weitere ähnliche Bilder und Aussagen, wie „die dunkle Öde des Wintereises", „fröstelndes Rosa blüht über den Bergen", „Wintermond, gefangen im Geäst" oder „Klaustrophobie der Seele". Meister Eckhart definiert an einer Stelle die Einsamkeit bezeichnenderweise als „innere Einöde". Diese Wunde trug Hammarskjöld schon in frühen Jahren in sich, und sie blieb sein ganzes Leben lang offen. In zwei Haiku-Dreizeilern aus dem Jahr 1959 chiffriert er im Rückblick Erfahrungen aus seiner Schulzeit: „Ohrfeigen lehrten den Knaben, / dass seines Vaters Name / ihnen verhasst war." Und dann: „Er war nicht erwünscht. / Als er dennoch kam, / durfte er ihnen beim Spielen bloß zusehen."

Als Junge wurde Dag von seinen Alterskameraden gleichsam in Sippenhaft genommen, weil sein Vater in Regierungsverantwortung Notmaßnahmen durchsetzen musste. In der tiefen Lebenskrise im Jahr 1950 entstand dieser Eintrag: „Ständiges Dunkel. Ständig die gleiche triefende Kälte. Ständig die gleiche Einsamkeit."

Der vorletzte Eintrag aus dem Jahr 1950: „Wie unverhüllt stand deiner Einsamkeit dickhäutiges Selbstgefallen vor dessen bloßgestellter Angst im Streben nach lebendiger Beziehung!" Hier zeigt sich die Einsamkeit unter dem Aspekt fehlender tragfähiger Beziehungen.

Das Gefühl innerer Heimatlosigkeit, Unrast, Bedrängnis und Ablehnung führten Hammarskjöld zeitweise an die Grenzen seiner psychischen Kräfte. In der Krise der Nachkriegsjahre äußert er sich zweimal verschlüsselt:

„Ehe für uns klar war, was geschehen war, war er schon weit draußen. Wir konnten nichts machen. Wir sahen nur, wie die Unterströmung ihn immer schneller vom Land wegsog. Wir sahen seine vergeblichen, immer matter werden Anstrengungen, wieder festen Boden zu gewinnen."

Ähnlich im nächsten Eintrag: „… Was haben wir empfunden, als wir zum ersten Mal begriffen, dass er zu weit hinausgetrieben war, um je wieder festen Boden unter die Füße zu bekommen?"

Beklemmend eine Äußerung aus dem Jahr 1952: „Sinnlos, was ich fordere: dass Leben Sinn haben soll. Unmöglich, wofür ich kämpfe: dass mein Leben Sinn erhalten soll. Ich getraue mich nicht, weiß nicht, wie ich glauben könnte: dass ich nicht einsam bin."

Was in ihm vorging, was ihn bewegte, glaubte er nicht zeigen zu dürfen. 1955 bekannte er im Tagebuch: „Als derjenige, der du im Innersten sein musst, um deine Aufgabe zu erfüllen, darfst du dich nicht zeigen – damit man dir gestattet, sie zu erfüllen."

Hinter der vermeintlichen Erfolgsgeschichte seines Lebens steht eine innere Tragödie, die er wie einen Advent von unbestimmter Dauer lebte. Am Weihnachtsabend 1960 notiert er: „Wie richtig, dass Weihnachten dem Advent folgt – für den Vorausblickenden ist Golgotha der Platz für die

Krippe und das Kreuz schon in Bethlehem errichtet." Ein paar Monate vor seinem Tod, wiederum fragend, schreibt er mit resigniertem Unterton: „Später Nachtstunden schlaflose Fragen: Handelte ich recht? Und warum handelte ich, wie ich getan? Um gleiche Schritte wieder zu gehen, gleiche Worte zu sprechen, ohne Antwort zu finden." Einen Monat später mit einer neuen Perspektive: „Weine, wenn du kannst, weine, doch klage nicht. Dich wählte der Weg – und du sollst danken."

Hammarskjöld war ein Mensch, der allein lebte, ohne Partnerin, ohne eigene Familie mit Kindern, ohne wirklichen Rückhalt etwa in einer kirchlichen Gemeinschaft. Er hatte niemanden, dem er sich voll und ganz anvertrauen konnte. Als Grund für seine Entscheidung, nicht zu heiraten, gab er einmal an, er wolle keiner Frau zumuten, was er wegen der häufigen Abwesenheit seines Vaters in seiner Ursprungsfamilie erlebt habe. Doch war das der wahre Grund? Bitter jedenfalls klingt zuvor die Sehnsucht nach einer Ehe an in einem seiner Haiku-Gedichte aus dem Jahr 1959: „Als es keine Gattin fand, / nannte man / das Einhorn pervers."

Für viele wichtige Entscheidungen, vor allem in seiner Zeit als Generalsekretär, hatte er die letzte Verantwortung, musste sie nicht selten allein treffen und ausführen. Gleichwohl pflegte er zahlreiche Freundschaften, soweit es ihm möglich war. In politischen Fragen suchte er immer wieder gern den Rat anderer, beispielsweise den seines kanadischen Freundes Lester Pearson. Seine tiefe Sehnsucht nach Gemeinschaft blieb jedoch bis ans Ende seines Lebens ungestillt. In schonungsloser Selbstdiagnose bekundet er: „Hunger ist meine Heimat im Land der Leidenschaften. Hunger nach Gemeinschaft, Hunger nach Gerechtigkeit – nach einer Gemeinschaft, durch Gerechtigkeit aufgebaut, und einer Gerechtigkeit, gewonnen durch Gemeinschaft. Nur Leben erfüllt des Lebens Forderung. Nur damit wird dieser Hunger gesättigt." Seinen „Hunger nach Gemeinschaft" verknüpft er mit dem Verlangen nach Gerechtigkeit. Die Seligpreisung der Hungernden nach Gerechtigkeit (vgl. Mt 5,6) prägte sein Denken und motivierte sein politisches Handeln, doch in seiner inneren Lebenswirklichkeit überwog der Schmerz über die eklatante Ungerechtigkeit in der Welt.

Im Blick auf die Frage nach dem Sinn der Einsamkeit finden wir 1952 folgenden Tagebucheintrag: „Bete, dass deine Einsamkeit der Stachel werde, etwas zu finden, wofür du leben kannst, und groß genug, um dafür zu sterben." Gleich im Anschluss daran seine Bitte an Gott: „Gib mir etwas, um dafür zu sterben." Er wünschte sich, in seiner Einsamkeit etwas Großes zu finden, für das sich der Einsatz seines Lebens lohnen würde. Sein innerer Weg führte ihn in den letzten Lebensjahren über die Not seiner Einsamkeit hinaus in der Ahnung ihres Sinns – eine Perspektive auch für seine Rolle und Aufgabe.

Dieses Reifen und Freiwerden von persönlichen Interessen in der Einsamkeit vollzog sich im steten Auf und Ab der alltäglichen Lebensrealität und ihrer Herausforderungen. Die Einsamkeit blieb, aber das Ja dazu – ein bewusstes Ja vor Gott – führte ihn in eine neue Dimension: „Ja zu Gott, ja zum Schicksal und ja zu dir selbst. Wenn das Wirklichkeit wird, dann mag die Seele verwundet werden, aber sie hat die Kraft zu genesen." 1957 schreibt er mit Bezug auf Gott: „In dem Einen bist du niemals einsam, in dem Einen bist du immer zu Hause."

Die Einsamkeit ist wie ein schmerzlicher Stachel auf dem Weg nach innen. Sich ihr zu stellen (und sei es in der Stunde des eigenen Todes), gehört unabdingbar zur aufrichtigen Suche nach Wahrheit, nach dem eigenen Selbst, nach Beziehung mit Gott – und darin nach Gemeinschaft mit anderen. In neuer Befähigung zu solcher Gemeinschaft kann sich dann eine unerwartete Perspektive öffnen. Hammarskjöld drückt dies bildlich aus in seinen Worten: „Eine menschliche Nähe – frei von Erde, doch die Erde segnend."

Es kann ein langer Weg sein zur Erfahrung wirklich erfüllter Gemeinschaft. Nach einer Begegnung hält Hammarskjöld einen persönlichen Eindruck fest: „Als er mir unvermittelt sagte, er habe viele Freunde, er finde leicht neue und habe mit ihnen ‚so viel Spaß wie nur möglich', traf mich das hart wie ein wohlgezielter Fausthieb. Eine Frage wäre sinnlos gewesen. Verstehen konnte ich es erst viel später. Ich verstand, dass diese Worte deshalb so in mir brannten, weil meine Freundschaft noch einen weiten Weg zu gehen hatte, bis sie zur Freundschaft reifte." Möglichst viel Spaß kann nicht das Ziel echter Freundschaft sein. Tiefe Freundschaft mit Schicksals- und Weggefährten geht weit, weit tiefer; sie gründet für Hammarskjöld auf der Erfahrung bejahter Einsamkeit. Schon als Student schreibt er: „Freundschaft bedarf keiner Worte – sie ist Einsamkeit, frei von der Angst der Einsamkeit." Mit einem neuen Aspekt versehen und noch stärker akzentuiert, deutet er später den Grund für diese Erfahrung an: „Der Liebende will des Geliebten Vollendung. Sie verlangt Freigabe, auch vom Liebenden." Und gleich darauf in der nächsten Eintragung: „Gott will unsere Unabhängigkeit, in der wir in Gott zurück-‚fallen', wenn wir aufhören, sie selber zu suchen."

Eine Frucht innerer Loslösung ist die Befreiung von Angst. Wer von sich und allem losgelöst ist, kann seine Verankerung in Gott finden. Er kann frei werden von der Angst der Einsamkeit, fähig zur unbefangenen Beziehung mit dem Du und bereit, sich diesem ganz hinzugeben. Ende Juli 1958 kleidet Hammarskjöld seine lange innere Auseinandersetzung in die an Gott gerichtete Frage: „Gabst du mir die unlösbare Einsamkeit, damit ich leichter dir alles geben kann?"

An anderer Stelle heißt es: „Vielleicht wird eine große Freundschaft nie erwidert. Vielleicht würde sie, von dem Ergänzenden erwärmt und beschützt, niemals reifen. Sie ‚gibt' uns nichts. Im Raum ihrer Einsamkeit aber führt sie uns zu Höhen mit weiten – Einblicken."

Für eine Buchveröffentlichung schrieb er, seine Einsichten aus der Lektüre der geistlichen Weltliteratur resümierend: „Für die mittelalterlichen Mystiker war ‚Selbsthingabe' der Weg zur Selbstverwirklichung. Sie fanden in der ‚Einsamkeit des Geistes' und in der ‚Innerlichkeit' die Kraft, Ja zu sagen, wo immer sie sich den Forderungen ihrer notleidenden Mitmenschen gegenübergestellt sahen. Liebe – dieses oft missbrauchte und falsch verstandene Wort – bedeutete für sie nichts als ein Überströmen jener Kraft, von der sie sich erfüllt fühlten, wenn sie in wahrhaftem Selbstvergessen lebten. Diese Liebe fand ihren natürlichen Ausdruck in vorbehaltloser Erfüllung ihrer Pflicht und in uneingeschränkter Annahme all dessen, was das Leben ihnen persönlich an Mühe und Leid – oder Glück – brachte."

Dieser Weg der Selbstverwirklichung führt zur Freilegung dessen, was der Philosoph Edmund Husserl als *Ur-Ich* bezeichnet hat. Solche „Selbst-Verwirklichung" geht nicht auf Kosten anderer: Sie bedeutet Selbst*entäußerung* und innere Reinheit – Grundvoraussetzungen, um zum eigentlichen Selbst, zur wahren Identität finden zu können und anderen uneigennützig zu dienen: „Was du wagen musst – du selbst zu sein. Was du erreichen kannst – in dir des Lebens Größe nach dem Maß deiner Reinheit zu spiegeln."

Dieser geistige Weg steht im Horizont christlicher Heilsgeschichte und Erlösung; menschlich gesehen bedeutet er Opfer und Verzicht. Erst in der Bereitschaft zur völligen Übereignung vollzieht sich der Sinn menschlichen Lebens, die Befähigung zu wirklicher Liebe, eine Rückkehr zum ursprünglichen Schöpfungsgedanken Gottes. Schon als Student schrieb Hammarskjöld: „Ist dein Ziel nicht von deinem innersten Pathos geheiligt, wird dich selbst ein Sieg schmerzlich deiner eigenen Schwäche bewusst machen."

Die Absicht, uneigennützig zu dienen, kennzeichnete Hammarskjölds Leben. In ihr spiegelt sich eine Liebe, deren Wesen Hingabe ist und die sich im Schmerz bewährt. Indem Hammarskjöld lernte, die Bitterkeit der Einsamkeit anzunehmen und auszuhalten, wurde er fähig zur Liebe, konnte er Gemeinschaft und Frieden stiften.

Meister Eckhart spricht im Zusammenhang mit dem hier in Frage stehenden Prozess von Abgeschiedenheit, vom „Ledigwerden" von allem Inneren und Äußeren. Er lobt diese Abgeschiedenheit noch vor der Liebe und begründet dies in einem eigenen Traktat: Jemandem, der sein Ja auch zu dieser Entäußerung gesagt hat, gibt Gott eine Antwort seiner ganz persönlichen Liebe. Die Bereitschaft zur Selbstentäußerung ist Grundbedingung uneigennützigen Handelns, das sich nicht mehr ich-zentriert am Wohlgefühl geistlicher Erkenntnis labt, sondern sich – von allem frei geworden – dem Gegenüber in Liebe öffnen und zuwenden kann. In seiner Predigt über die Seligpreisung der Armen im Geiste (vgl. Mt 5,3) geht Meister Eckhart noch einen Schritt weiter und formuliert drastisch: „Darum bitte ich Gott, dass er mich ,gott'-los (wörtlich: Gottes quitt) mache." Dies ist Hingabe in ihrer höchsten Stufe.

Wie wichtig diese Aspekte Hammarskjöld waren, zeigt sich etwa daran, dass er ähnliche Gedanken des Thomas von Kempen ausgerechnet am 7. April 1953 in seinem Tagebuch notierte: am Tag seiner Wahl zum Generalsekretär der Vereinten Nationen.

Hammarskjöld war sich bewusst, dass Einsamkeit auch eine Versuchung beinhaltet: Sie kann zum Rückzug auf sich selbst, zur Abkapselung verleiten und so zerstörerisch wirken. Sie muss es aber nicht; schon 1950 konnte er schreiben:

„Einsam. Aber Einsamkeit kann eine Kommunion sein." In einem Haiku-Gedicht aus späten Jahren drückt er das noch klarer aus: „Einsam in verborgenem Wachstum / fand er Gemeinschaft / mit allem Wachsenden."

Die Einsamkeit wurde für Hammarskjöld zur Grundlage einer wachsenden Verbundenheit mit Gott – und so mit anderen Menschen. Aber es war ein schwieriges Ringen, ein Weg, der – auch für ihn als Glaubenden – zeitlebens immer wieder mit neuen Zweifeln und Fragen gepflastert war; das Zweifeln gehört zum menschlichen Weg der Erkenntnis in den Stufen vom „Wissen" zum Erkennen des tatsächlichen „Nicht-Wissens".

In einem Tagebucheintrag von 1951 zeigt er die Alternativen auf, vor die einen die Erfahrung der Einsamkeit stellt: „Einsamkeit lässt uns schließlich nur die Wahl, entweder in Einsamkeit zu verzweifeln oder hoch auf die ‚Möglichkeit' zu setzen, dass wir uns ein Recht zum Leben in einer Gemeinschaft über den Individuen erobern. Aber fordert dieses Letztgenannte nicht einen Glauben, der Berge versetzt?"

Mit einem Bild beschreibt er gegen Ende 1955 abermals die Härte seiner Erfahrung ständiger Einsamkeit, selbst als nunmehr wirklich Glaubender: „Einsam an der Quelle in der Heide siehst du deine Einsamkeit wieder – wie sie immer war. So wie sie immer war – auch wenn die Nähe anderer eine Zeitlang ihre Blöße deckte. Aber die Quelle lebt. Und dein Wachdienst dauert an." „Die Quelle lebt", und Hammarskjöld orientierte sich an einer Weisung des Propheten Nahum: „Halt Wache! Beobachte die Wege!" (Nah 2,2).

Der anhaltende innere Schmerz aber nagte in seiner ohnehin anstrengenden Tätigkeit an seinen Kräften. 1956 beschreibt er seinen körperlichen Zustand: „Wenn Morgenfrische der Mittagsmüdigkeit weicht, wenn die Beinmuskeln vor Anspannung beben, wenn der Weg unendlich scheint und plötzlich nichts mehr gehen will, wie du wünschst – gerade dann darfst du nicht zaudern."

Erschütternd bringt er dieses Gefühl menschlicher Ohnmacht am 19. Oktober 1958, drei Jahre vor seinem Tod, erneut zum Ausdruck: „Zu müde für Menschen suchst du Einsamkeit, zu müde sie zu füllen."

Noch stärker dann in der Eintragung vom 6. Juli 1961, zwei Monate vor der Katastrophe: „Müde und einsam. Derart müde, dass der Kopf schmerzt. Jetzt gilt es, jetzt darfst du nicht lockerlassen. Der Weg anderer hat Rastplätze in der Sonne, wo sie einander begegnen. Aber *dieser* Weg ist der deine, und jetzt gilt es, jetzt darfst du nicht versagen."

Den Wegmarken dieser seiner Gratwanderung folgend gab er nicht auf; allein ging er seinen Weg bis zum Ende. Hier schließt sich der Bogen zu einer seiner ersten Aufzeichnungen als Student:

„Miss nie des Berges Höhe, ehe du den Gipfel erreicht hast. Dort wirst du sehen, wie niedrig er ist."

Seine schmerzlichen Erfahrungen waren zeitlebens auch von dieser Hoffnung, vom Glauben an das ersehnte Ziel begleitet. Hammarskjölds Zeugnisse der Einsamkeit lassen eine Perspektive im Blick auf ihren möglichen Sinn erkennen, auch wenn diese seelische Not ihn bis ans Ende bedrängte.

Die Linse im Lichtstrom

Vielleicht ist bei einem Nordeuropäer die Wahrnehmung des Gegensatzes zwischen hellem Tag und dunkler Nacht wegen der exremen Lichtverhältnisse im Sommer und im Winter besonders geschärft. Zur Beschreibung seiner Erfahrungen und Einsichten verwendet Hammarskjöld auch eigene Licht- und Dunkel-Metaphern: „Linse im Lichtstrom", „Lichtkegel im Nebel", „Strahlenbündel durchs Dunkel", „fliehendes Licht". Die Begriffe „Licht" und „Finsternis" oder „Nacht" finden sich im Tagebuch häufig, und zwar in unterschiedlichen Zusammenhängen und Bedeutungen.

Wie die sinnliche Wahrnehmung des Lichts bedarf, so auch das Erkennen der unsichtbaren geistigen Wirklichkeit. Die gegensätzliche Erfahrung von „Licht" und „Dunkel" ist darin wesentlich. Im ersten Schöpfungsbericht, gleich am Beginn des Buches Genesis, steht an erster Stelle die Erschaffung des Lichts, das von der Finsternis getrennt wird. In der menschlichen Existenz ist die geistige Erfahrung von Licht seit der Ursünde mit dem Dunkel, der Nacht des Glaubens, dem Schmerz verbunden.

In seiner tiefen Lebenskrise in den Nachkriegsjahren beschreibt Hammarskjöld seinen inneren Zustand im Bild eines Naturerlebnisses:

„Der Novembertag hatte die Stunde erreicht, wo das Licht in der niedrigen, gefrorenen Wolkendecke stirbt, aber die Dämmerung noch nichts versöhnt."

Ein anderes von ihm gebrauchtes „Licht-Bild" ist das der Linse. Im Brennglas bündeln sich die Lichtstrahlen; fokussiert auf einen Punkt können sie ihre stärkste Wirkung entfalten. Hammarskjöld überträgt es auf die geistliche Dimension; 1956 schreibt er:

„Im Licht, durchleuchtet, verwandelt zu Licht. Wie die Linse, die im Licht verschwindet, indem sie es sammelt zu neuer Kraft."

Ein Jahr später reflektiert er: „Du bist weder das Öl noch die Luft – lediglich der Verbrennungspunkt, der Brennpunkt, wo das Licht geboren wird. Du bist nur die Linse im Lichtstrom. Nur so kannst du das Licht entgegennehmen, geben und besitzen. Suchst du dich selbst ‚in deinem eigenen Recht', so verhinderst du die Vereinigung von Luft und Öl in der Flamme, raubst der Linse ihre Durchsichtigkeit. Heiligung – Licht oder im Lichte sein, ausgelöscht, damit es geboren werden kann, ausgelöscht, damit es sich sammeln und verbreiten kann."

Schon in den „Zwischen-Jahren" schreibt er im Blick auf die erste Vaterunser-Bitte selbstkritisch: „‚Geheiligt werde dein Name'. Wo sich deine Kraft zu einem Strahlenbündel durchs Dunkel hindurch bündeln sollte, da schleicht und kriecht sie wie Grasfeuer, das nichts verbrennt, aber alles Leben erstickt."

Ähnlich seine Gedanken über die folgenden Fragen – und sein nüchternes Resümee: „Ist das Leben arm? Ist nicht vielmehr deine Hand zu klein, sind deine Augenlinsen nicht zu trübe? Du bist es, der wachsen muss."

Kurz darauf heißt es: „... Erst durch die Einsicht, wenn wir dem fliehenden Licht des Innersten folgen, vermögen wir zu erfassen, was Glaube ist. Wie viele wurden nicht durch das leere Gerede vom Glauben als einem Für-wahr-Halten ins Dunkel getrieben!" Mit anderen Worten: Wir kommen nicht zur Erkenntnis und Einsicht, indem wir bloß „Glaubenswahrheiten" übernehmen und über den Glauben reden, sondern indem wir den Weg des Glaubens gehen und dem „fliehenden Licht" folgen.

Im Jahr 1957 schreibt Hammarskjöld: „Verkleidet ist das Ich, das nur aus gleichgültigen Urteilen, sinnlosen Auszeichnungen und protokollierten ‚Leistungen' geschaffen ist. Eingeschnürt in die Zwangsjacke des Naheliegenden. Aus all dem heraustreten, nackt, auf des Morgenlichts Klippe – empfangen, unversehrbar, frei: im Licht, mit Licht, durch Licht. Einer, wirklich in dem Einen. Heraus aus mir selbst, dem Hindernis, hinaus zu mir selbst, zur Vollendung." Auch diese Zeilen kennzeichnen seinen Weg der Glaubenserfahrung, der Selbstwerdung in der Blöße der Wahrheit, die sich im Licht zeigt.

Im November 1955 greift er ein Bild aus einem schon zitierten früheren Eintrag neu auf: „In niedrigen Wolken starb das Licht. Der fallende Schnee trank das Dunkel. Gebettet in Schweigen, deckten mich Zweige mit ihrer Geborgenheit. Als sich die Grenzen auflösten, aufs Neue das Wunder: dass ich bin."

Durch das Sterben des Lichts in der Seele vollzieht sich eine „Entwirklichung", wie Buber es in einer seiner Wortschöpfungen prägnant formuliert hat. Thematisch ist dies in Hammarskjölds Gedanken über den Sinn der Einsamkeit bereits angeklungen. Das Ja zur völligen Bloßstellung im Licht der Wahrheit ist die eigentliche Herausforderung des Lebens; Hammarskjöld sagt es mit ganz einfachen Worten: „Ja zu sich selbst sagen heißt Ja zum Leben sagen." Und in einem weiteren Eintrag: „Du wagst dein Ja – und erlebst einen Sinn. Du wiederholst dein Ja – und alles bekommt Sinn. Wenn alles Sinn hat, wie kannst du anders leben denn als Ja." Dieser Grundentscheid bestimmte seinen Lebensweg; er gab ihm zunehmend Sicherheit und Orientierung, nicht zuletzt im Blick auf seine persönliche Berufung: „Das Leben hat Wert nur durch seinen Inhalt – für andere."

Das Ja zu sich, das Ja zum Leben wird zum bewussten Leben für andere. Darin sieht Hammarskjöld den Wert des Lebens, der je neu zu suchen ist: „Was dem Leben Wert gibt, kannst du erreichen und verlieren – doch nie besitzen. Diese ‚Wahrheit über das Leben' gilt von Anfang bis Ende."

Die Frucht dieses Reifens ist die wachsende Beziehung mit Gott – und in ihm mit anderen: „Reife, auch dies: lichte Ruhe im Augenblick des Spiels, in der selbstverständlichen Zusammengehörigkeit des Kindes mit den Kameraden."

Maßgeblichen Einfluss auf Hammarskjölds Gedanken über Licht und Dunkel hatte Johannes vom Kreuz, der den Prozess des Einswerdens mit Gott in der Nacht des Glaubens ausführlich beschrieben hat. Das reine Licht Gottes kann der Mensch nur wahrnehmen, nachdem er sich der Nacht seiner Existenz gestellt hat. In ihm, der von sich sagt: „Ich bin das Licht der Welt" (Joh 8,12), kann der Mensch nur „Linse im Lichtstrom" sein: Selbst ganz transparent, kann er das Licht empfangen, es bündeln und weitergeben. Mit einem kurzen Zitat des schwedischen Lyrikers Erik Axel Blomberg umschreibt Hammarskjöld diesen Vorgang poetisch: „Im Licht verschwinden und zum Lied werden."

Blomberg, ein Zeitgenosse Hammarskjölds, stellt in seiner bildreichen Gedankenlyrik die Bosheit und Grausamkeit des Menschen seinem Glauben an das Dasein und die menschliche Gemeinschaft gegenüber. Auch Hammarskjöld hat sich mit der Erfahrung des Bösen beschäftigt; er wusste um diese Seite, auch in sich selbst; in diesem Kontext spricht er ausdrücklich von der Erbsünde und ihren Folgen. Am 24. Februar 1957 notiert er: „Man kommt dahin, die Erbsünde zu erkennen – und zu kennen –, diesen düsteren Kontrapunkt des Bösen, der in unserem Wesen, ja, von unserem Wesen, doch nicht unser Wesen ist …" Und weiter: „Selbst in unseren gesündesten, lichtesten menschlichen Beziehungen lauert ein Abgrund – geschaffen von dem Misstrauen, das unseren Blick an die Macht der Nachtseiten bannt."

Hammarskjöld kannte die Gefahr dieser abgründigen Fixierung auf das Negative, in der sich das Unrecht ständig weiterzeugen kann. Wer aber die Wahrheit über sich selbst ans Licht kommen lässt, tritt ein in einen Prozess persönlichen Reifens; er findet zu einer neuen inneren Freiheit: zur Freiheit, lieben zu können in reiner Hingabe, die auch den anderen frei macht. Hammarskjöld schreibt: „Wenn der Liebende befreit ist von der Abhängigkeit vom Geliebten durch das Reifen der Liebe zu einem Strahlen, das Auflösung alles Eigenen in Licht ist – dann wird auch der Geliebte vollendet, indem er vom Liebenden frei wird."

Diese Art der Selbstverwirklichung, des wirklichen Freiseins von allem, im inneren Licht strahlend, in der auch der andere zu sich selbst befreit wird, war eine späte Frucht seines langen inneren Weges.

Die sorgfältig angelegte Maske

Die Maske, die du mit so viel Sorgfalt angelegt hast, um zu deinem Vorteil aufzutreten, war die Mauer zwischen dir und der Sympathie, die du suchtest."

Eitelkeit und Selbsttäuschung, das ist ein weiteres Thema, mit dem sich Hammarskjöld in seinem Tagebuch häufiger auseinandersetzt. Schon ganz früh notiert er: „,Besser als andere'. Manchmal: Das bin ich auf jeden Fall. Öfter: Warum sollte ich das sein? – Du bist, was du sein kannst oder nicht – wie die anderen. Was du wagen musst – du selbst zu sein. Was du erreichen kannst – du selbst zu sein –, damit sich des Lebens Größe in dir spiegle nach dem Maß deiner Reinheit." Hier drückt sich der Wunsch nach einem Leben ohne Maske aus. Doch wie gern macht man sich und anderen etwas vor.

Aus dem Jahr 1950 stammt diese Beobachtung: „Auf welcher gesellschaftlichen Ebene auch immer die Intrigen angelegt sind und der Kampf geführt wird, (...) verrät selbst der ‚beste Kopf' untrüglich seine Naivität, sobald es um die eigene Stellung geht. Es gibt so wenige Tricks. Wer sich mit dergleichen abgibt, ist blind und taub wie ein balzender Auerhahn und am meisten dann, wenn er sich am scharfsinnigsten dünkt. Man kann die Gnade erbitten, dass das Eigeninteresse – das unausweichliche – nie den humorvollen, sich selbst wiedererkennenden Blick lähmen möge, der allein die Situation meistern kann."

Und im nächsten Eintrag heißt es: „Die ‚Ich'-Lust hat einen Zug vom Gourmethaften, für das unserer Sprache der richtige Tonfall fehlt: Mein liebes Ich – Seele und Körper –, du bereitest mir großes Vergnügen!" – Um es in der passenden Sprache auszudrücken, zitiert er es auf Französisch: „*Mon cher moi* …". Drei Zeilen weiter fährt er fort: „Die Lust an sich selbst schlägt um das Ich einen eisigen Ring, der sich langsam an den Kern heranfrisst."

Das naheliegende Bestreben, die eigene Einsamkeit irgendwie zu überwinden, birgt die Versuchung in sich, sich anderen anzubiedern, sich insgeheim selbst zu bewundern, sich und anderen etwas vorzuspielen. Auch diese Erfahrungen waren Hammarskjöld nicht fremd; darauf deuten bereits zwei frühe Einträge aus seiner Studentenzeit hin: „In der Einsamkeit gestern – spieltest du da nicht mit Gift?" – „Wir bergen eine *Nemesis* [griechisch: Rachegöttin] in uns: Die Selbstbewunderung von gestern zeugt die heutige Schuld."

Gleich anschließend folgt chiffriert die Aussage: „Er trug die Niederlage ohne Selbstmitleid und den Erfolg ohne Selbstbewunderung. Wenn er sich bewusst war, bis auf den letzten Heller bezahlt zu haben, war es ihm egal, wie andere das Ergebnis bewerteten."

Zweiter Teil: SEIN TAGEBUCH

Zum Anbiedern gehört die Pflege eines bestimmten Selbstbildes: Man präsentiert sich so, wie man sich gerne selbst sehen und von anderen gesehen werden möchte. Eigenartigerweise schenken die meisten den Kulissen, mit denen sie sich dabei umgeben, gerne Glauben; sie möchten die Maske auf keinen Fall preisgeben. Diese Beobachtung spiegelt sich in Hammarskjölds erstem Eintrag von 1945, mit dem Titel „Zu neuen Ufern": „In jedem Augenblick wählst du dein Selbst. Aber wählst du – dich selbst? Körper und Seele haben tausend Möglichkeiten, aus denen du viele Ich bauen kannst. Aber nur eines von ihnen führt zum Einklang zwischen dem Wähler und dem Gewählten. Nur eines – was du erst findest, wenn du alle Chancen auf etwas anderes aus der Wahl ausgeschlossen hast, woran du neugierig herumfingerst, verlockt vom Staunen und von der Gier, zu seicht und flüchtig, um verankert zu bleiben im Erleben des höchsten Lebensgeheimnisses und im Mitwissen der anvertrauten Gabe, die ‚ich' bin."

In einem Eintrag aus dem Jahr 1950 warnt sich Hammarskjöld selbst vor der Gefahr, die persönliche Erfolge, Lob und Anerkennung mit sich bringen können: „Lass nie den Erfolg seine Leere verbergen, die Leistung ihre Wertlosigkeit, das Arbeitsleben seine Öde. Behalte den Sporn, um weiterzukommen, den Schmerz in der Seele, der uns über uns selbst hinaustreibt. – Wohin? Das weiß ich nicht. Das begehre ich nicht zu wissen."

Im selben Jahr: „Ein bescheidener Wunsch: Möge unser Tun und Lassen etwas mehr Bedeutung für das Leben haben, als man einem Smoking zuschreiben kann, wenn es um die Verdauung der Speisen geht. Dennoch bleibt manches von dem, was wir als unseren Einsatz bezeichnen, in Wahrheit lediglich ein Kleidungsstück, mit dem wir bei festlichen Anlässen unsere Nacktheit zu kaschieren versuchen." Ein paar Einträge weiter die selbstkritische Feststellung: „Die Zeit vergeht, das Ansehen wächst, und die Tauglichkeit sinkt."

Hammarskjöld beschreibt die Versuchung, andere um den Preis der eigenen Authentizität für sich zu gewinnen: „Über dies und jenes tratschen, vorwärtsschlurfen auf den Pfaden des Getuschels und Klatsches, weder gegenüber sich selbst noch anderen gegenüber redlich. Es gilt ja zu fesseln – um zu besitzen, zumindest für den Augenblick einen Menschen besitzen, dessen Gefühle man nicht zu prüfen wagt, um die eigenen nicht bloßzulegen. Lieber also die erniedrigende Clownsrolle, als allzu wenig unterhaltend allein gelassen zu werden – oder verächtlich, weil ein gezielter Blick nicht erwidert wird."

Mit Humor äußert er 1959 in einem Haiku-Dreizeiler: „König der Tiere zu sein, / glaubte das Stinktier, / als alle entflohen."

1952 formulierte er den Wunsch: „,Dein Wille geschehe' – Dem Inneren den Vortritt lassen vor dem Äußeren, der Seele vor der Welt – wohin das auch führt. Dabei einen inneren Wert nicht zur Maske für einen äußeren werden lassen."

Drei Jahre später schreibt er über die Ehrsucht: „Diese Unruhe? Ist nicht die Ursachenkette klar? Als du verstohlen eigene Ehre suchtest, vermochtest du nicht länger deine Schwäche in Stärke zu wandeln. So ,wurdest du in Versuchung geführt' und verlorst den Grund für die selbstverständliche Bejahung des Schicksals im Glauben, die zur Voraussetzung hat, dass sie in keinem Teil aus einem solchen Betrug besteht."

Vom 8. August 1956 stammt die Beobachtung: „Wie tot kann ein Mann sein hinter der Fassade von großer Tüchtigkeit, Pflichttreue – und Ehrgeiz!"

1955 stellt Hammarskjöld im Blick auf Gott fest: „Manchmal gibt Gott uns die Ehre – für sein Werk. Oder behält sie in seiner Einsamkeit. Über unsere Bocksprünge auf der Szene lächelt er ironisch – solange wir nicht mit den Gewichten pfuschen."

Im Angesicht der Wahrheit hat die sorgfältig angelegte Maske des Menschen keinen Bestand: Jeder Hochmut erweist sich früher oder später als dummer Betrug am Leben. Hammarskjölds Selbsterkenntnis 1957:

„Meine Armseligkeit sehen, nicht in geißelnder Selbstverachtung, nicht in Bekennerhochmut – sondern als eine Gefahr für die Integrität des Handelns, wenn ich sie aus dem Blick verliere."

Membrane der Stille

Bedeutsam in Hammarskjölds Aufzeichnungen sind des Weiteren seine Gedanken über Stille und Schweigen im Kontrast zum Lärm der Welt, ein Aspekt, der bereits anklang. In den frühen Jahren schreibt er: „Schweigen ist der Raum um jede Tat und jede Gemeinschaft von Menschen."

Ende der 40er-Jahre in einem poetischen Bild: „Gellender Möwenschrei zerreißt des letzten Nachtdunkels hautsanfte, dünne Membrane der Stille."

Aus der gleichen Zeit, erneut in einer Metapher: „Stille – wie wenn lange Bitterkeit sich in Tränen löst. Kahle Erde. Im linden Licht der feuchte Glanz weiten Wassers."

1951, aus seiner Nacht-Erfahrung heraus: „Still –. Erlebe dieser großen, fernen Welt Übergang in die Nacht. Gesagt, ungesagt, verklingen einzelne Worte (meine Worte, seine Worte?): Jetzt ist es zu spät für uns, den Weg zurück zu finden."

Die innere Dimension der Stille deutet er im Tagebuch immer wieder neu an: „Mitten im Lärm das innere Schweigen bewahren. Offen, still, feuchter Humus im fruchtbaren Dunkel bleiben, wo Regen fällt und Saat wächst – stapfen auch noch so viele im trockenen Tageslicht über die Erde in wirbelndem Staub."

Er war sich bewusst, dass man Gefahr läuft, sich selbst zu verlieren, wenn man nicht wirklich still und im Schweigen ein Hörender wird. In den „Zwischen-Jahren" schreibt er: „Je gewissenhafter du nach innen lauschst, umso besser wirst du hören, was um dich ertönt. Nur wer hört, kann sprechen.

Führt hier der Weg zur Vereinigung der beiden Träume: das Leben in Klarheit zu gestalten – in Reinheit zu spiegeln?"

Und in einem weiteren Eintrag, mit einer Anspielung auf Hermann Hesse: „Wenn es still um dich wird und du vor Schreck erstarrst: Erkenne, dass Arbeit eine Flucht vor der Angst und Verantwortung geworden ist und Altruismus ein notdürftig verkappter Masochismus. Erkenne neu den schadenfrohen grausamen Herzschlag des Steppenwolfs – betäube dich dann nicht damit, indem du erneut die Hetze suchst. Halte vielmehr das Bild fest, bis du dessen Grund erreicht hast."

Im Lauf der Zeit entdeckte Hammarskjöld, wie wichtig das Stillwerden ist, um sich zu orientieren. Nach dieser Ruhe hat er bis zum Ende seines Lebens mitten in der Hektik der Welt und seiner beruflichen Aktivitäten bewusst gesucht. 1953 formuliert er den Wunsch: „Wenn ich fortfahren darf: fester, einfacher – schweigsamer, wärmer."

Seine Initiative, im Hauptquartier der Vereinten Nationen einen „Raum der Stille" einzurichten, entspringt dem Wunsch, sich und anderen die Möglichkeiten zu verschaffen, zwischendurch zur inneren Ruhe zu kommen. Dieser Wunsch nach Stille zeigt sich auch in einigen seiner Gebete. Das Hören auf die Stimme des Gewissens, das reine „Ruhen in Gott" wurde ihm im Lauf der Jahre zunehmend wichtig. Schon in den „Zwischen-Jahren" notierte er: „Wie willst du die Fähigkeit zuzuhören bewahren, wenn du niemals zuhörst: Dass Gott für dich Zeit haben sollte, hältst du gewiss für ebenso selbstverständlich wie dies, dass du keine Zeit für Gott haben kannst."

1955 schreibt er: „,Horchen' – im Glauben –, seinen Weg finden und das Gefühl haben, ihn tatsächlich in Gott wiederzufinden." Zum Weihnachtsfest 1956 zitiert er Meister Eckhart: „So muss die Seele, in der die Geburt geschehen soll, gar vornehm leben. Ganz einig und ganz innen. … Ein auferhobenes Gemüt musst du haben, ein brennendes Gemüt, in dem doch eine ungetrübte schweigsame Stille herrscht." Ein weiteres Zitat seines großen Lehrmeisters im September 1957: „Das Beste und Herrlichste, wozu man in diesem Leben gelangen mag, ist, dass du schweigst und Gott da wirken und sprechen lässt."

Ein Vierteljahr vorher, am 23. Juni, ein meditativer Gedanke, in dem er das Handeln Jesu in der Episode vom „Sturm auf dem See" (vgl. Mk 4,35–41) kommentiert: „Denn er bringt den Sturm zum Schweigen, sodass die Wogen sich legen. Dann sind sie [die Jünger] froh, weil sie in Ruhe sind: Und so bringt er sie in den Hafen, wo sie sein wollten."

Aus den Evangelien wissen wir, dass Jesus gern in der Abgeschiedenheit betete und dies auch seinen Jüngern empfahl: „Kommt mit an einsamen Ort, wo wir allein sind, und ruht ein wenig aus" (Mk 6,31). Diese Art der Abgeschiedenheit hat Hammarskjöld immer wieder gesucht; er zog sich gerne in die Stille zurück, gelegentlich auch in eine Kirche. Dabei genoss er den Reichtum der Kunst und Architektur, den Gotteshäuser oft zu bieten haben. Als er sich in Paris aufhielt, machte er zum Beispiel mehrmals einen Abstecher in die romanische Basilika des Wallfahrtsortes Vézelay in Burgund.

Hammarskjöld hat, wie im biografischen Teil öfter anklang, auch eine ganz andere Facette des Schweigens schmerzlich kennengelernt: das Nicht-gehört-Werden. Das Schweigen von außen, gepaart mit dem Gefühl des Unverstandenseins, war für ihn eine schwere Bürde bis ans Ende; im Trubel der Kongokrise im Dezember 1960 fasst er es in den Dreizeiler:

„Die Last blieb mein. / Unverstanden mein Appell. / Alles war Schweigen."

Umso mehr suchte er die innere Stille. Nach innen lauschend und betend wurde er im Laufe der Zeit zu einer „Membrane der Stille", die „gellender Möwenschrei" in seinem Leben so oft verdeckt und gestört hatte.

Der Tod mit am Tisch

Sehr intensiv im Tagebuch ist seine schonungslose, ausgesprochen nüchterne Auseinandersetzung mit dem Tod; er thematisiert ihn in fast 50 Einträgen. Das Bewusstsein, irgendwann sterben zu müssen, war bereits im jungen Hammarskjöld ausgeprägt; so schreibt er gleich im vierten Eintrag Mitte der 20er-Jahre: „Morgen werden wir uns treffen, der Tod und ich –. Er wird seinen Degen stoßen in einen wachen Mann."

Der folgende Eintrag stammt aus dem Jahr vor seinem Tod: „Wenn ich an jene denke, die nach mir kommen – oder bleiben –, fühle ich mich, als sei ich dabei, ein Fest vorzubereiten, an dem ich selbst nicht mehr teilnehmen werde."

Thomas von Kempen hat der „Betrachtung des Todes" ein ganzes Kapitel seiner „Nachfolge Christi" (I,23,1–5) gewidmet. Hammarskjöld hat aus diesen Gedanken geschöpft; immer wieder und in vielen Facetten klingen sie in seinem Tagebuch an. Auch über den Sinn und Wert der Lebenszeit hat sich Hammarskjöld häufig Gedanken gemacht. Schon in einem ganz frühen Eintrag spiegelt sich die Frucht einer aufrichtigen Gewissenserforschung: „Wie brennt doch die Erinnerung an jede Stunde, die ich vertan!"

Das Jahr 1950 stellt er erstmalig unter die Überschrift „Bald naht die Nacht". Er bezieht dies auf den Tod und greift dabei eine Zusage Jesu im Gespräch mit den Jüngern beim Letzten Abendmahl auf (vgl. Joh 14,3): „ – und dann, was ist alles Glück hier gegenüber der Verheißung: Dort wo ich bin, da sollt auch ihr sein."
Auch das Jahr 1957 beginnt er mit den Worten „Bald naht die Nacht". Hammarskjöld schreibt dazu: „Jeder Tag der erste –. Jeder Tag ein Leben. Jeden Morgen soll die Schale unseres Lebens hingehalten werden, um zu empfangen, zu tragen und zurückzugeben. Leer hingereicht – denn was früher war, soll sich lediglich in seiner Klarheit, seiner Gestalt und seiner Weite spiegeln."

Seine Gedanken über die Lebenszeit und den Tod erinnern an das, was Dichter der Barockzeit im „Memento mori" dargestellt haben: der Tod als Ansporn zu einem bewussteren Leben. 1941, als er es in seiner Karriere in Schweden schon weit gebracht hatte, notierte er: „Es gibt nur einen

Weg aus dem verfilzten Dschungel, in dem der Kampf um Ehre, Macht und Vorteile geführt wird ... Dieser Weg heißt: Ja sagen zum Tod."

In Gedanken über die Zeit und den Sinn des menschlichen Lebens und sich opfernder Hingabe resümiert er: „Noch ein paar Jahre, und dann? Das Leben hat Wert nur durch seinen Inhalt – für andere. Mein Leben ohne Wert für andere ist schlimmer als der Tod. Darum – in dieser großen Einsamkeit – diene allen. Darum: Wie unbegreiflich groß, was mir geschenkt wurde; wie nichtig, was ich ‚opfere'."

Als Wegmarke für sein Handeln hielt er am 25. November 1956 ein Ibsen-Zitat fest: „Wenn du alles gegeben hast, aber nicht das Leben, so wisse, dass du nichts gegeben hast."

Aus der persönlichen Bereitschaft, alles, auch sein Leben einzusetzen, konnte er uneigennützig dienen – und danken: „Dankbarkeit und Bereitschaft. Du bekamst alles für nichts. Zögere nicht, wenn es gefordert wird, zu geben, was doch nichts ist für alles."

Im Jahr 1957 hat er notiert: „Suche nicht die Vernichtung. Die wird dich finden. Suche den Weg, der zur Vollendung führt."

In Hammarskjölds Auseinandersetzung mit dem Tod werden viele, bisweilen auch dunkle Facetten sichtbar. Körperliche Erschöpfung und die seelische Not der Einsamkeit wecken in ihm eine Todessehnsucht, gegen die er sich zur Wehr setzt. Ein paar Beispiele: „Müdigkeit betäubt den Schmerz und lockt den Tod. So kannst du suchen, die Einsamkeit zu überwinden, eingeladen schließlich zur Flucht aus dem Leben. Dies nicht! Der Tod soll deine abschließende Gabe an das Leben sein, kein Betrug."

Schon 1950 schreibt er: „Im wirbelnden Vernichtungsfeuer, im eisigen Opfer, das nichts verschont, ist dir der Tod willkommen. Doch wenn er dich langsam durchdringt, Tag für Tag, ängstigst du dich, ängstigst dich unter dem stillen Richtspruch, der über dein Leben hinweggeht, während die Blätter fallen in des Narren Paradies."

Und zwei Einträge weiter: „Die Angst vor der Einsamkeit bringt Böen aus dem Sturmzentrum der Todesangst: Nur das ist, was eines anderen ist, denn nur, was du gabst – wenn auch allein, indem du dazu bereit warst – wird herausgehoben aus jenem Nichts, das einmal dein Leben gewesen sein wird."

Aus dem Jahr 1957 diese tiefe Reflexion: „Der Grat zum Gipfel scheidet zwei Abgründe: den lustbetonten Todestrieb (vielleicht mit einem Einschlag von narzistischem Masochismus) und die animalische Angst des physischen Selbsterhaltungstriebs. Schwindelfrei ist der, dessen Körper gelernt hat, sich selbst als Werkzeug zu handhaben."

Indem er sich in der augenblicklichen Situation den Herausforderungen im Alltag stellte, wobei er viele „kleine Tode" zu sterben hatte, bereitete er sich auf das Finale seines irdischen Weges vor: „Warum wimmern wir über diesen kleinen Tod? Zieh ihn an dich, rasch und mit einem Lächeln. Stirb diesen Tod und geh frei weiter, eins mit deiner Aufgabe, ganz im Einsatz des Augenblicks."

Dass es nicht bei einer vagen Opfergesinnung bleiben darf, drückt sich in seiner Feststellung aus dem Jahr 1957 aus: „Es ist besser, aus ganzer Seele einem Menschen Gutes zu tun, als sich für die Menschheit zu opfern."

Im vermeintlich Kleinen erweist sich die Echtheit der Bereitschaft zur Hingabe. Seine Maxime für sein eigenes Handeln lautete: „Selbst in der kleinsten Gabe musst du den Willen haben, alles zu geben."

1955 schreibt er: „Früher: Der Tod war immer dabei in der Gesellschaft. Jetzt: Er sitzt mit am Tisch: Ich muss mich mit ihm anfreunden. In diesem intuitiven ‚Wiederfinden', das zum Ariadnefaden in meinem Leben wurde – Schritt für Schritt, Tag um Tag –, ist dessen Ende nun ebenso greifbar wie die geahnte Pflicht von morgen."

Zwei Jahre später: „Dein Körper soll vertraut sein mit seinem Tod – in all seinen möglichen Ausprägungen und Stufen – wie ein selbstverständlicher, naheliegender und gefühlsmäßig indifferenter Schritt auf dem Weg zu dem Ziel, für das du dein Leben wert fandest."

Hammarskjöld sah den Wert seines Lebens wie gesagt im vorbehaltlosen, rückhaltlosen Dasein für andere. In diesem Sinn ist der im Tagebuch immer wiederkehrende Begriff des Opfers zu verstehen, der in der heutigen säkularen Gesellschaft weitgehend fremd geworden ist. Hammarskjöld war bereit, Lasten zu tragen, sich den ihm angetragenen Aufgaben zu stellen, auch wenn es ihm schwerfiel: „Um Bürden batest du. Und du jammertest, als man sie dir auflud. War es eine andere Bürde, die du dir vorgestellt hattest? Glaubtest du an die Anonymität des Opfers?"

Bezeichnend ein Eintrag von 1951: „Eine Sage, die man erzählen sollte: über die Krone, die so schwer war, dass nur der sie zu tragen vermochte, der in völliger Vergessenheit ihres Glanzes lebte."

Im dritten Eintrag nach dem Datum seiner Wahl zum Generalsekretär schreibt er 1953: „Dass der Weg der Berufung auf dem Kreuz endet, weiß, wer sich seinem Schicksal unterstellt hat – auch wenn dieser Weg durch den Jubel von Genezareth und durch die Triumphpforte von Jerusalem führt." Aufgrund seiner klaren Selbsterkenntnis war ihm jede Form von Triumphalismus fremd, aber er konnte sich auch dankbar über das freuen, was ihm im Leben gelang, über Erfolge seines Wirkens. Diese Freude bestärkte ihn, doch er behielt sie weitgehend für sich und bekundete eher selten seine Zuversicht.

Die Bereitschaft zur Hingabe betrachtete Hammarskjöld keineswegs als Verdienst; er wusste, dass er aus sich nichts zu geben hatte. Alles ist Geschenk, auch die eigene Gabe. 1953 schreibt er: „Was hat am Ende das Opfer für einen Sinn? Oder auch nur das Wort Gabe? Wer nichts hat, kann nichts geben. Die Gabe ist Gottes – an Gott."

Hammarskjöld war sich der möglichen Ambivalenz des Glaubens im Zusammenhang von Themen wie Leid und Opfer klar bewusst. Es kann nicht darum gehen, das Leiden zu mystifizieren. 1958 notiert er: „Dieser gotteslästerliche Anthropomorphismus: Gott wolle uns durch das Leiden erziehen. Wie weit davon entfernt die Bejahung des Leidens, wenn es uns deshalb trifft, weil wir dem folgen, was wir als Gottes Willen erkennen!"

Er sah auch die Widersprüchlichkeit, die das Warum von Gewalt und Tod immer wieder aufwirft: „Gewalttat. – Im Großen wie im Kleinen das bittere Paradox: des Todes Sinn – und des Tötens Sinnlosigkeit."

Die Möglichkeit zur Überwindung des Abgrunds erkannte er im Zusammenhang mit der Treue zum Glauben: „Das Seil über dem Abgrund wird von denen gespannt, die es am Himmel festmachen – durch Treue zu einem Glauben, der ständiges, äußerstes Opfer ist."

Ein weiterer wichtiger Aspekt ist die Vergebung; Hammarskjöld schreibt Ostern 1960: „Die Vergebung zerbricht die Ursachenkette dadurch, dass der, der – aus Liebe – ‚vergibt', die Verantwortung für die Folgen dessen auf sich nimmt, was du getan hast. Sie bedeutet daher immer Opfer."

Hammarskjölds Weg kannte Höhen und Tiefen. Er hat ganz dunkle Momente erlebt, so 1951, als er auf auf einem Höhepunkt seiner Krise von „der Hölle des geistigen Todes" sprach. Gott war ihm unbegreiflich und als Unbegreiflicher doch nah. Zwei Monate vor seinem Tod hält er ein Gebet fest: „Du, den ich nicht kenne, dem ich doch gehöre. Du, den ich nicht verstehe, der dennoch mich weihte meinem Geschick. Du."

Aus seinen Gedanken zum Karfreitag 1956 wird deutlich, wie er die Ungewissheit seines Schicksals mit dem Leben im

Augenblick verband: „Die dritte Stunde. Und die neunte. – Das ist jetzt. Und jetzt –. Das ist jetzt!"

Und gleich darauf, Blaise Pascal zitierend: „„Jesus wird das Kreuz tragen bis zum Ende dieser Welt; wir dürfen nicht ruhen in dieser Zeit. Wir dürfen nicht. – Und für den Wachenden ist die Ferne gegenwärtig – gegenwärtig auch in Verbindung mit dieser Menschheit, in der Jesus jeden Augenblick stirbt in irgendeinem, der dem Weg der inneren Zeichen bis zum Ende folgte. Liebe und Geduld, Gerechtigkeit und Demut, Glaube und Mut, Stille." So ist Hammarskjöld seinen Weg gegangen – bis zuletzt.

DAS SEGEL IM SONNENSTURM

Hammarskjölds Gotteserfahrung kennt eine ganz eigene Entwicklung. In den ersten fünf Jahren verwendet er in seinem Tagebuch das Wort „Gott" zunächst gar nicht, gleichwohl stehen auch Aufzeichnungen aus dieser frühen Zeit für Glaubenserfahrungen.

Der Begriff „Gott" findet sich erst in drei Einträgen aus den „Zwischen-Jahren" 1941 bis 1942, der erste: „Der Lebensanspruch des Tiers im Menschen wird nicht dadurch zu einem Gebet, dass du ihn an Gott adressierst." Sehr selbstkritisch ein weiterer, in dem Hammarskjölds Erfahrung der Kälte und Heimatlosigkeit anklingt: „Du bist dein eigener Gott – und wunderst dich, dass dich die Wölfe über die dunkle Öde des Wintereises treiben." In der dritten Aufzeichnung aus den „Zwischen-Jahren" heißt es: „Gott ist eine bequeme Formel auf dem Bücherbrett des Lebens – stets zur Hand, aber selten gebraucht. In Geburtsstunden im Frieden der Erlösung ist er ein Jubel und ein frischer Wind – dessen Nähe die Erinnerung nicht festzuhalten vermag. Werden wir aber gezwungen, uns selbst zu sehen Auge in Auge – dann erhebt er sich über uns in furchtbarer Wirklichkeit, jenseits des Rahmens für alle Diskussionen und jedes ‚Gefühl', stärker als alles schützende Vergessen."

Drei Monate vor seinem Tod, am 11. Juni 1961, schreibt Hammarskjöld in einem Eintrag verschlüsselt: „Berufen, ihn zu tragen, ausgesondert, ihn zu erfahren, erwählt, ihn zu leiden, frei, ihn zu verneinen, sah ich, einen Augenblick, das Segel im Sonnensturm, einsam auf dem Wellenkamm, fern, auf dem Weg vom Land. Ich sah, einen Augenblick."

Diese Worte spiegeln ganz am Ende etwas von der Gratwanderung seines Glaubensweges, der in einem langen inneren Reifen an Kontur gewinnt.

In den Zwischen-Jahren notiert Hammarskjöld erstmals die Vaterunser-Worte „Dein Name werde geheiligt", die er in der Nachkriegszeit neu aufgreift. Ab 1951/52 wiederholt er mehrmals die Bitte „Dein Wille geschehe". Es ist gleichsam eine Einleitung zu den seither häufigen Gebeten im Tagebuch. 1954 und in den Jahren danach greift er mehrmals die Glaubensdefinition des Johannes vom Kreuz auf:

„Glaube ist Gottes Vereinigung mit der Seele." Die erstmalige Zitierung kommentiert er mit den Worten: „Glaube *ist* – kann deshalb nicht erfasst, noch weit weniger identifiziert werden mit den Formeln, mit denen wir das umschreiben, was ist. – *En una noche oscura* [in einer dunklen Nacht – Johannes vom Kreuz wörtlich]. Des Glaubens Nacht – so dunkel, dass wir da nicht einmal den Glauben suchen dürfen. In der Gethsemani-Nacht, wenn die letzten Freunde schlafen, alle anderen deinen Untergang suchen *und Gott schweigt*, vollzieht sich die Vereinigung." Die Hervorhebung im Text „*und Gott schweigt*" hat Hammarskjöld selbst vorgenommen.

Nach der Bewältigung der Suezkrise in der Weihnachtszeit 1956 dieser Eintrag: „Wir handeln im Glauben – und es geschehen Wunder. So werden wir versucht, das Wunder zum Glaubensgrund zu machen. Und wir bezahlen unsere Schwäche mit dem Verlust der Glaubenszuversicht. Glaube ist, er schafft und trägt. Er wird nicht hergeleitet, nicht geschaffen, er wird von nichts anderem getragen als von seiner eigenen Wirklichkeit."

Bis in die 50er-Jahre ist seine Gotteserfahrung und Wahrheitssuche hauptsächlich mit Erfahrungen der Einsamkeit, des Dunkels und der Nachtseiten der Wirklichkeit verbunden. Im letzten Lebensjahrzehnt tritt deutlicher Hammarskjölds persönliche Hinwendung an das „ewige Du", wie Martin Buber Gott bezeichnet hat, zutage: „Du, den ich nicht kenne, aber dem ich gehöre ..."

Bewusst grenzt sich Hammarskjöld von einem Verständnis der Mystik ab, in dem das mystische Erleben vom konkreten Lebensalltag geschieden wird. So schreibt er 1955: „Ein Kontakt mit der Wirklichkeit, leicht und stark wie die

Berührung einer geliebten Hand: Einheit in einer Selbstaufgabe ohne Selbstauslöschung, mit Klarheit des Empfindens und des Verstandes Wärme. Wie nahe in Sonne und Wind, wie fern, wie anders, als was die Gescheiten Mystik nennen!"

Ein weiterer Eintrag unterstreicht die unmittelbare Verbundenheit mit der Realität: „Im Glauben ein ständiger lebendiger Kontakt mit allem. Vor Gott ist deshalb die Seele in der Wirklichkeit." In der Mitte seiner Gotteserfahrung steht die je neue Wahrnehmung des „ursprünglichen Seins" im Jetzt. Hammarskjöld ist überzeugt: Nur in der Normalität des Alltags und in den tagtäglichen Begegnungen lässt sich das Ja zu Gottes Ruf konkretisieren. In der letzten Eintragung aus dem Jahr 1955 bestimmt er seine Sicht der Mystik genauer:

„Das ‚mystische Erlebnis'. Jederzeit: hier und jetzt – in Freiheit, die Distanz ist, im Schweigen, das aus Stille kommt. Jedoch – diese Freiheit ist eine Freiheit unter Handelnden, die Stille eine Stille zwischen Menschen. Das Mysterium ist ständig Wirklichkeit für den, der inmitten der Welt frei von sich selber ist: Wirklichkeit in ruhiger Reife, in der Bejahung hinnehmender Aufmerksamkeit. Der Weg zur Heiligung geht in unserer Zeit notwendig über das Handeln. – ‚Man muss alles geben für alles.'"

In einem früheren Eintrag schreibt er 1954 über die Freiwilligkeit der Antwort des Menschen Gott gegenüber: „Menschliche Freiheit ist eine Freiheit, Gott zu verraten. Gewiss liebt Gott uns – doch die Antwort ist freiwillig!"

Die tiefe Verbundenheit mit Gott ist für ihn die Quelle wahrer Beziehung des Ich zum Du. In der Annahme des damit auch verbundenen Schmerzes lernt der Mensch immer mehr so zu lieben, wie er von Gott geliebt und angenommen ist. Hammarskjölds Vorsatz:

„Das Leben und die Menschen lieben, wie er sie liebt, in ihren menschlichen Möglichkeiten, warten wie er, urteilen wie er, ohne ein Urteil zu fällen, den Aufgaben gerecht werden, die uns aufgetragen sind, nie zurückblicken …, dann kann er dich vielleicht gebrauchen, dann wird er dich vielleicht gebrauchen. Und wenn er keinen Gebrauch von dir macht … Was dann? In seiner Hand hat jede Stunde einen Sinn, bekommt Hoheit und Glanz, Ruhe und Zusammenhang."

Aus diesen Worten spricht sein neu gewonnenes Vertrauen, seine Hingabebereitschaft im Dunkel seiner Nacht des Glaubens.

Nach der Wende seines Lebens 1953 dieser Eintrag – ein Zeugnis seines Glaubens: „Wenn Gott handelt, geschieht dies in den entscheidenden Augenblicken – so wie jetzt – mit fester Zielbewusstheit, mit sophokleischer Finesse. Wenn die Stunde reif ist, nimmt er das Seine. Was aber hast du zu sagen – du bist ja erhört. Gott braucht dich, auch wenn dir das im Augenblick nicht passt, Gott, ‚welcher Menschen zermalmt, wenn er den Menschen erhebt'." Das Meister Eckhart-Zitat am Schluss über das Wirken Gottes an einem Menschen, der ihm sein Ja ganz gegeben hat, gibt Hammarskjöld im deutschen Wortlaut wieder.

Für Hammarskjöld, wie für viele andere, die einen intensiven geistlichen Weg gegangen sind, war Mystik weder weltfremder Spiritualismus noch theologische Gedankenspielerei. Hammarskjöld hält sich eher an eine Lebensphilosophie im Sinne des Franzosen Henri Bergson: Gegen die einseitige Betonung des Rationalen plädiert er für ein ganzheitliches Leben einer Wirklichkeit, die mit einer logischen Begrifflichkeit allein nicht fassbar ist, sondern auch kreative und dynamische Elemente in sich birgt.

Alle bedeutenden Mystiker der Vergangenheit bis in unsere Zeit sind wie Hammarskjöld überzeugt, dass mystisches Erleben nicht die Alltagsrealität ausblenden darf. Teresa von Avila würde ihm sofort beipflichten, denn sie sah Mystik in Verbindung mit „Töpfen und Pfannen". Ähnliche Gedanken finden wir bei der 2008 verstorbenen Gründerin der Fokolar-Bewegung, Chiara Lubich. Sie beschrieb „die große Sehnsucht unserer Zeit" so: „Eintauchen in die höchste Kontemplation und mit allen Menschen verbunden bleiben. […] Denn wie alle Zeiten sehnt sich auch unsere Epoche nach dem Menschlichsten und Göttlichsten, was man sich denken kann, nach Jesus und Maria: dem Wort Gottes – Sohn eines Zimmermanns; dem Sitz der Weisheit – eine Hausfrau."

Hammarskjölds Gotteserfahrung atmet einen großen Realismus. Rahners Wort über die Herausforderung, die der Weg des Glaubens jedem Menschen stellt, trifft auf ihn voll und ganz zu: „Glauben heißt die Unbegreiflichkeit Gottes ein Leben lang aushalten." Dieser Realitätssinn kommt auch in einer Eintragung aus dem Jahr 1957 zum Ausdruck;

Hammarskjöld schreibt: „Leben in Gott ist nicht Flucht aus dem Leben, sondern der Weg zur vollen Einsicht: Es ist nicht unsere Verdorbenheit, die uns zu einer fiktiven Lösung zwingt, sondern das Erleben der religiösen Wirklichkeit, welche die Nachtseite ans Licht bringt …"

Hammarskjöld nennt sein Tagebuch mit einem Wort aus der Diplomatensprache in dem Begleitschreiben an Leif Belfrage „eine Art ‚Weißbuch' meiner Verhandlungen mit mir selbst – und mit Gott". Die Aufzeichnungen vermitteln zwar auf den ersten Blick den für ein Tagebuch typischen monologischen Charakter, gehen aber inhaltlich über einen Monolog weit hinaus. Nach Hammarskjölds eigenen Worten wurde Gott für ihn im Laufe der Jahre zum Gegenüber und Dialogpartner, zum Du, mit dem er sprechen und verhandeln konnte. Gott hat ihm irgendwann dieses Du angeboten. Das Gespräch mit Gott ist jederzeit möglich, auch wenn der Mensch meist lange Zeit meint, es sei völlig einseitig und finde nie eine Antwort. Auch diese Erfahrung war Hammarskjöld nicht fremd; sie spiegelt sich in manchen seiner Aufzeichnungen, besonders im Zusammenhang mit seiner Einsamkeit. Die Zwiesprache mit Gott wird wahrnehmbar *im Augenblick*, und zwar, so stellt Hammarskjöld fest, nach dem Maß der Reinheit und Hingabe.

Zeitlebens hat diese Beziehung mit dem personalen Gott den Charakter eines unvollendeten Dialogs, doch nicht unvollendet wie eine Symphonie oder ein anderes Werk, das nicht mehr zu Ende gebracht werden konnte. Die Beziehung mit dem unsichtbaren Gott zeichnet sich vielmehr dadurch aus, dass sie offen bleibt und über den Tod hinaus in die Ewigkeit weist. Hammarskjölds „Verhandlungen" sind ein Indiz solcher Gotteserfahrung; sie sind Frucht redlicher Selbsterkenntnis, die auf zunehmender Gotteserkenntnis gründet.

Das „Unfertige" spiegelt sich formal in der Fragmentartigkeit seines „Weißbuchs", seines Erkennens. Vordergründig wirken viele der Gedanken und Gebete Hammarskjölds tatsächlich wie ein Monolog; auch auf diese für die Gotteserfahrung wichtige Phase inneren Reifens hatte er sich mit allen Konsequenzen eingelassen. Im Lauf der Jahre entwickelte sich ein immer intensiver werdendes „Verhandeln mit Gott". Der Grundentscheid seines Lebens war sein Ja zur Quelle der Wahrheit: „Ich bin die Wahrheit" (Joh 14,16). Hammarskjöld hatte sein Ja dazu gegeben – und er hat es durchgetragen. In einer Eintragung zum Pfingstfest 1961, wenige Monate vor seinem Tod, schreibt er: „Ich weiß nicht, wer – oder was – die Frage stellte. Ich weiß nicht, wann sie gestellt wurde. Ich weiß nicht, ob ich antwortete. Aber einmal antwortete ich Ja, jemandem – oder etwas. Von dieser Stunde her rührt die Gewissheit, dass das Dasein sinnvoll ist und dass darum mein Leben, in Unterwerfung, ein Ziel hat. Seit dieser Stunde habe ich gewusst, was das heißt, ‚nicht zurückzublicken', ‚nicht für den anderen Tag zu sorgen'."

Die beiden eingeschobenen Zitate im Blick auf Vergangenheit und Zukunft beziehen sich auf zwei Stellen in den Evangelien (vgl. Lk 9,62 und Mt 6,34). Das Ja des Menschen zum Willen Gottes ist Antwort auf dessen im Schöpfungsakt vorab gegebenes Ja. Hammarskjöld zitiert am 8. April 1956 Meister Eckhart im Wortlaut: „Nie und nimmer gibt sich Gott in einem fremden Willen: Wo er *seinen* Willen findet, da gibt er sich."

Das Tagebuch ist Zeugnis seiner Suche nach der eigenen Identität, die er zunehmend in der Wahrnehmung des ICH BIN in seinem Innern fand. Er tritt ein in ein lebendiges Gespräch mit Gott, dessen Wesen der Erste Johannesbrief als Licht und Liebe definiert. Die Liebe ist bestimmend und wesentlich für alle Beziehungen: „Wenn jemand sagt: Ich liebe Gott!, aber seinen Bruder hasst, ist er ein Lügner! Denn wer seinen Bruder nicht liebt, den er sieht, kann Gott nicht lieben, den er nicht sieht" (1 Joh 4,20).

Als Grundbedingung aufrichtiger Liebe nennt Hammarskjöld die Vergebung, und zwar in beiden Richtungen: „Im Erleben Gottes steht nichts zwischen uns und ihm. Es wird uns verziehen. Aber wir können ihn nicht erfahren, wenn irgendetwas zwischen uns und anderen steht." An einer anderen Stelle schreibt er: „‚Sich selber vergeben' –? Nein, das geht nicht. Uns muss vergeben werden. Aber wir können an Vergebung nur glauben, wenn wir selber vergeben."

Diese Einträge verdeutlichen einen wesentlichen Aspekt der Dimensionen seiner Gotteserfahrung. Gott gewährt dem Menschen Vergebung, aber er möchte, dass auch dieser bereit ist zu vergeben, und befähigt ihn dazu, indem er ihm hilft, sich und seine eigene Schuld zu erkennen: „Vergib uns unsere Schuld, wie auch wir unseren Schuldnern vergeben haben" (Mt 6,12).

Das Ringen ist Teil des Glaubenswegs. Erfahrungen von Leid und Schmerz stehen im ständigen Widerspruch zu den Erwartungen an Gott und den Vorstellungen von Gott. Viele der Aufzeichnungen Hammarskjölds lassen ahnen, wie oft er innere Krisen, Phasen des Dunkels und Zweifel zu durchstehen hatte. Andere Tagebucheinträge machen jedoch auch deutlich, dass er diese Krisen immer wieder bewältigte und dann mit neuer innerer Klarheit, Gelassenheit und Sicherheit eine Perspektive gewann: Er wusste, wofür er kämpfte, und orientierte daran sein Handeln. Als Glaubender fand er in wachsendem Gottvertrauen die nötige Sicherheit – schrittweise und je neu. Schon in jungen Jahren schrieb er: „Sorge nicht, wohin dich der einzelne Schritt führt: Nur wer weit blickt, findet sich zurecht."

Seine innere Auseinandersetzung und seine Gotteserfahrung sind eng miteinander verbunden; gerade die Bewältigung der geistlichen Prüfungen nährte seinen Glauben. Auf diese Weise gewann er immer wieder neuen Optimismus, Kraft und Mut zum Handeln. Dabei nahm er die außergewöhnlichen Gaben, die er als Mensch mitbekommen hatte, im Lauf der Jahre stärker und bewusster wahr.

Man kann in seinem Tagebuch ein persönliches Bekenntnis seines Glaubens und seines Glaubensweges sehen: Wegmarken seiner „Reise nach innen". Der jahrzehntelange Prozess des Reifens in der Selbst- und Gotteserkenntnis spiegelt sich in seinem Tagebuch von der ersten bis zur letzten Seite. Dies kennzeichnet wesentlich sein Profil. Einen Aspekt dieser Erfahrung verdeutlicht er in einem Eintrag aus dem Jahr 1955: „Wer einmal unter Gottes Hand gewesen, der hat seine Unschuld verloren; er allein kennt die furchtbare Sprengkraft der Nachgiebigkeit. Aber wie stark ist er in dieser Sammlung, jenseits und darüber, die ihm eigen ist, wenn Gott in ihm ist, weil er in Gott ist. Stark, und frei, weil er selbst nicht mehr ist."

Während der Suezkrise, Heiligabend 1956, als die UN-Friedenstruppen die Lage in Ägypten bereits beruhigt hatten und am 22. Dezember alle britischen und französischen Truppen abgezogen waren, verbindet er diesen Erfolg in seinem Tagebuch mit dem Handeln Gottes: „Dein eigener Einsatz ‚bewirkte das nicht', nur Gott – doch freue dich, dass Gott deinen Einsatz brauchte in seinem Werk. Freue dich, wenn du spürst, dass das, was du tatest, ‚notwendig' war; doch erkenne, dass du auch so nur ein Werkzeug warst für ihn, der durch dich ein kleines Stück zu dem Ganzen fügte, das er gestaltet im Blick auf sein Ziel."

Hammarskjöld verstand sich als Werkzeug Gottes, als kleiner Mosaikstein im Ganzen. Worauf es ankommt, ist Gott; er zitiert ein Wort von Meister Eckhart auf Deutsch: „Ist, ohne jeden Nebenblick, Gott unser Ziel, fürwahr!, so muss er der Täter unserer Taten sein. … Dieser Mensch sucht nicht die Ruhe, ihn stört keine Unruhe …; er muss eine innerliche Einsamkeit lernen, wo und bei wem's auch sei: Er muss lernen, durch die Dinge durchzubrechen, muss seinen Gott darinnen ergreifen."

Rainer Maria Rilke, in mancher Hinsicht ein Seelenverwandter Hammarskjölds, schreibt 1898 in einer Strophe seines Gedichts „Es ist noch Tag auf der Terrasse":

„Ich bin jetzt von der Welt so weit. / Mit ihrem späten Glanz verbräme / ich meine ernste Einsamkeit. / Mir ist, als ob mir irgendwer / jetzt leise meinen Namen nähme, / so zärtlich, dass ich mich nicht schäme / und weiß: Ich brauche keinen mehr."

Auf die Frage, wie man Gott lieben soll, gibt sich Hammarskjöld die Antwort, die Meister Eckhart darauf gegeben hat:
„‚Wie aber soll ich Gott denn lieben?' – Du sollst ihn lieben, wie er ein Nicht-Gott, ein Nicht-Geist, eine Nicht-Person, ein Nicht-Gestaltetes ist: vielmehr nur lautere, pure, klare Einheit, aller Zweiheit fern. Und in diesem Einen sollen wir ewiglich versinken vom Sein zum Nichts. Dazu helfe uns Gott."

Im Jahr 1959 findet sich in einem Dreizeiler ein klares Bekenntnis Hammarskjölds zur Menschwerdung Gottes; er verbindet es mit dem ihm so wichtigen Opfergedanken: „Gott nahm menschliche Natur an / in dem Geopferten, / als er entschieden war zum Opfer."

Die Bereitschaft zur selbstlosen Hingabe erscheint als Hammarskjölds eigene, ihn auszeichnende Form der Nachfolge. Ein Jahr vor seinem Tod bekennt er: „Geleitet durch das Labyrinth des Lebens vom Ariadnefaden der Antwort, erreichte ich eine Zeit und einen Ort, wo ich wusste, dass der Weg zu einem Triumph führt – und zu einem Untergang, der Triumph ist, dass der Preis für den Einsatz des Lebens Verachtung und die Tiefe der Erniedrigung jene Erhöhung ist, die dem Menschen möglich ist. Seither hat das

Wort Mut seine Bedeutung verloren, da mir nichts mehr genommen werden kann."

Ja, ihm konnte jetzt „nichts mehr genommen werden", weil er alles gefunden hatte und irgendwann wusste, dass dieses Alles in ihm lebte.

DIE GEBETE IM TAGEBUCH

Die in den letzten Lebensjahren sich häufenden Gebete in seinem Tagebuch sind ein weiteres Indiz dafür, in welchem Maße sein Leben zu einem intensiven Dialog mit Gott geworden ist. Die drei ersten Gebete stammen aus dem Jahr 1954; die letzten Gebete notierte er in den beiden Monaten vor seinem Tod. Häufig orientierte sich Hammarskjöld an Texten aus den Psalmen, der großen jüdischen Gebetstradition, die alle Zeiten überdauert; sie entspringen einer Unmittelbarkeit des Redens mit Gott und leiten dazu an. Von den letzten vier Gebeten im Tagebuch sind drei den Psalmen entnommen; sein letztes im Tagebuch aufgezeichnetes Gebet ist eine Bitte um Vergebung. Wenn man die Gebete der letzten Lebensjahre nacheinander liest, spannt sich ein weiter Bogen seiner tiefen Verbundenheit mit Gott.

Gebete sind menschlicher Ausdruck der Beziehung mit Gott, mit „des menschlichen Lebens *numen*, vor dem wir uns in Andacht beugen", wie Hammarskjöld es ausdrückt. An anderer Stelle schreibt er:

„Das Gebet, kristallisiert im Wort, legt immer wieder die Wellenlänge fest, auf der das Zwiegespräch weitergeführt werden muss, auch wenn sich unser Bewusstsein auf andere Ziele richtet."

Wenn das Ziel des Glaubensweges in der Vereinigung mit Gott erreicht ist, wird dieser Dialog sprachlos und zugleich sprachgestaltig, wie Martin Buber dargelegt hat. Im Atmen des Geistes, das zum Gebet wird, bedarf dieses Zwiegespräch dann keiner Worte mehr, denn der Geist selbst zeugt das Wort. Am 10. April 1958 schreibt Hammarskjöld: „In dem Glauben, der ‚Gottes Vereinigung mit der Seele ist', bist du eins mit Gott und Gott ist ganz in dir, so wie er ganz für dich ist in allem, was dir begegnet. In diesem Glauben steigst du im Gebet hinab in dich selbst, um dem Anderen zu begegnen; im Gehorsam und Licht der Vereinigung stehen für dich alle, ebenso wie du, einsam vor Gott, ist unser Handeln ein fortgesetzter Schöpfungsakt."

Die folgenden Gebetstexte aus Hammarskjölds Feder sind nach der chronologischen Reihenfolge im Tagebuch wiedergegeben, sie entsprechen in den Schriftzitaten den Formulierungen der deutschen Einheitsübersetzung oder der Jerusalemer Bibel, bis auf wenige kleine Ausnahmen und geringfügige sprachliche Änderungen, die Hammarskjöld selbst vorgenommen hat. Diese Gebete spiegeln etwas von der Gegenwärtigkeit und Lebendigkeit seiner Gottesbeziehung und berühren das Geheimnis seines Lebens; deshalb sollen sie unkommentiert bleiben.

Die Gebete im Tagebuch

Aus dem Jahr 1954 (das erste Gebet ist vom Jahresanfang)

„ – bald naht die Nacht."
Lass mich vollbringen, was ich beginnen durfte.
Lass mich alles geben, auch ohne Gewissheit,
ob es gedeiht.

Du, der du uns frei geschaffen hast, der du alles siehst,
was geschieht – und dennoch des Sieges gewiss bist,
du, der du jetzt unter uns der bist,
der die äußerste Einsamkeit leidet,
du, der du auch ich bist,
darf ich deine Bürde tragen, wenn meine Stunde kommt,
darf ich –
du, der über uns ist,
du, der einer von uns ist,
du, der ist –
auch in uns;
mögen alle dich sehen – auch in mir,
möge ich den Weg bereiten für dich,
möge ich danken für alles, was mir widerfuhr.
Möge ich dabei die Not des anderen nicht vergessen.
Bewahre mich in deiner Liebe,
so wie du willst, dass alle in meiner bleiben sollen.
Möge alles in diesem meinem Wesen
gewendet werden zu deiner Ehre,
und möge ich niemals verzweifeln.
Denn ich bin unter deiner Hand,
und in dir sind alle Kraft und Güte.

Gib mir einen reinen Sinn – damit ich dich sehen kann,
einen demütigen Sinn – damit ich dich hören kann,
einen liebenden Sinn – damit ich dir dienen kann,
einen gläubigen Sinn – dass ich in dir bleiben möge.

Gerecht vor deinem Blick,
mit deinem Mut,
in deiner Stille.

„Nehme ich die Flügel des Morgenrots
und lasse mich nieder am äußersten Meer,
auch dort wird deine Hand mich ergreifen
und deine Rechte mich fassen." (Ps 139,9f)

Aus dem Jahr 1955

Vor dir in Demut,
mit dir in Treue,
in dir in Stille.
„Nicht uns, Herr, bring zu Ehren,
nicht uns, sondern deinen Namen." (Ps 115,1)

Aus dem Jahr 1956

Vor dir, Vater,
in Gerechtigkeit und Demut,
mit dir, Bruder,
in Treue und Mut,
in dir, Geist,
in Stille.

Dein – denn dein Wille ist mein Geschick,
geweiht – denn mein Geschick ist es,
gebraucht und verzehrt zu werden,
nach deinem Willen.

Führe uns nicht in Versuchung,
sondern erlöse uns von dem Bösen:
Lass alles in mir dir dienen,
und befreie mich so von Angst.

„Ich aber bin gewiss, zu schauen
die Güte des Herrn im Land der Lebenden.
Hoffe auf den Herrn, und sei stark!
Hab festen Mut, und hoffe auf den Herrn!" (Ps 27,13f)

Mit dir: in Treue und Mut,
nein – in Selbstbeherrschung, Treue und Mut.

„In Frieden leg' ich mich nieder und schlafe ein,
denn du allein, Herr, lässt mich sorglos ruhen." (Ps 4,9)

„Sei still vor dem Herrn und harre auf ihn! …
Erzürne dich nicht, es führt nur zum Bösen." (Ps 37,7f)

„Er führte mich hinaus ins Weite,
er machte mich frei, denn er hatte an mir Gefallen.
Gut hat der Herr an mir gehandelt und mir vergolten,
weil ich gerecht bin und meine Hände rein sind."

(Ps 18,20f)

„Doch bei dir ist Vergebung,
damit man in Ehrfurcht dir dient." (Ps 130,4)

Geheiligt werde dein Name,
nicht der meine.
Dein Reich komme,
nicht das meine.
Dein Wille geschehe,
nicht der meine.
Gib uns Frieden mit dir,
Frieden mit den Menschen,
Frieden mit uns selbst,
und befreie uns von Angst.

[Vgl. Thomas von Kempen, Nachfolge III,40,4]

„In dieser Schriftrolle steht, was an mir geschehen ist.
Deinen Willen zu tun, mein Gott, macht mir Freude,
Deine Weisung trag ich im Herzen.
Gerechtigkeit verkünde ich in großer Gemeinde,
meine Lippen verschließe ich nicht; Herr, du weißt es."

(Ps 40,8–10)

Die Gebete im Tagebuch

Aus dem Jahr 1957

„Er machte aus dem Sturm ein Säuseln,
sodass die Wogen des Meeres schwiegen.
Und sie freuten sich, dass die Wogen sich legten
und er sie zum ersehnten Hafen führte." (Ps 107,29f)

Aus dem Jahr 1958

Geheiligt werde dein Name,
dein Reich komme,
dein Wille geschehe.

Herr, dein ist der Tag,
ich bin des Tages.

Aus dem Jahr 1959

„Lauterer Sinn im Verborgenen gefällt dir,
im Geheimen lehrst du mich Weisheit." (Ps 51,8)

Aus dem Jahr 1960

„Hartes hast du auferlegt deinem Volke,
zu trinken gabst du uns betäubenden Wein.
Denen, die dich fürchten, gabst du ein Zeichen,
auf dass sie dank der Wahrheit triumphieren." (Ps 60,5f)

[Die letzte Zeile in der von Hammarskjöld geänderten Formulierung]

Aus dem Jahr 1961

„Ich wurde für sie zum Spott und Hohn,
sie schütteln den Kopf, wenn sie mich sehen.
Hilf mir, Herr, mein Gott,
in deiner Huld errette mich." (Ps 109,25f) – *[Frühjahr]*

Sag mir Gott im Todesnahn:
Wiegt vor dir auch nicht ein Gran
eines Willens quantum satis? *[in ausreichender Menge]*
Gott ist *Deus caritatis*! *[Gott der Liebe! – vgl. 1 Joh 4,8.16b]*
[Gründonnerstag]

„Da sann ich nach, um das zu begreifen;
Es war eine Qual für mich,
bis ich dann eintrat in das Heiligtum Gottes." (Ps 73,16f)

Erbarme dich über uns.
Erbarme dich über unser Streben,
damit wir, in Glauben und Liebe,
Gerechtigkeit und Demut vor dir,
dir folgen mögen,
in Selbstbeherrschung und Treue und Mut,
und dir begegnen in Stille.

Gib uns einen reinen Sinn, damit wir dich sehen können,
einen demütigen Sinn, damit wir dich hören können,
einen liebenden Sinn, damit wir dir dienen können,
einen gläubigen Sinn, damit wir für dich leben mögen.

Du, den ich nicht kenne,
dem ich doch gehöre,
Du, den ich nicht verstehe,
der dennoch mich weihte
meinem Schicksal.
Du – *[19. Juli]*

„Erschüttert hast du das Land und gespalten.
Es wankt. Heile seine Risse!" (Ps 60,4) – *[August]*

„Dann begriff ich, wie diese Menschen enden.
Ja, du stellst sie auf schlüpfrigen Grund,
du wirfst sie nieder und vernichtest sie." (Vgl. Ps 73,16–18)
[August; mit Textänderung von Hammarskjöld]

„Und sie erinnerten sich daran,
dass Gott ihre Stärke ist." (Vgl. Ps 78,35)
[mit Textänderung von Hammarskjöld]

Das letzte Gebet im Tagebuch, August 1961:

Allmächtiger ...
Verzeih meinen Zweifel, meinen Zorn, meinen Stolz.
Beuge mich durch deine Gnade.
Richte mich auf durch deine Strenge.

Nachwort

Hammarskjölds Leben ist gleichsam Heldenepos und Tragödie zugleich, heroisch nicht zuletzt *wegen* der inneren Tragik, die sich hinter der vermeintlichen Legende verbirgt.

Er hat in seiner Zeit wesentlich dazu beigetragen, die Welt vor einem Dritten Weltkrieg zu bewahren. Sein Friedensengagement ist bis heute richtungweisend; denn noch immer herrscht unsägliches Misstrauen zwischen Staatenlenkern und Völkern, und nach wie vor werden Konflikte mit Gewalt gelöst, werden Völker von Machtbesessenen unterdrückt, werden neue Mauern errichtet. All das verursacht weiter unermessliches Leid.

Hammarskjöld sah sich persönlich in der Verantwortung; er orientierte sich konsequent an ethischen Werten – ein eindrucksvolles Zeugnis in einer Zeit, die von einem zunehmenden Relativismus geprägt ist.

Hammarskjöld versuchte Brücken zu bauen, mit Menschen ins Gespräch zu kommen und Menschen ins Gespräch zu bringen. Die Fortschritte der technischen Kommunikation und die Medien bringen uns das Weltgeschehen heute ganz nahe. Dennoch ist das gegenseitige Verständnis nur sehr bedingt gewachsen. Viele Menschen sind innerlich heimatlos geworden. Hammarskjöld hat teil an der Verlorenheit des modernen Menschen. Als Mensch und Politiker hat er seine persönliche Antwort auf diese Herausforderung gegeben, im Letzten durch die Hingabe seines Lebens im

Einsatz für den Frieden in der Welt. Weist Hammarskjölds Gottsuche und Gottesbeziehung, die ihm Kraft und Orientierung gab, eine Richtung inmitten der vielfältigen Probleme? Seine Erfahrung hat, so scheint mir, über seinen Tod hinaus Gültigkeit und Wert. Die Art, wie er seinen Weg als Politiker, als Mensch auf der Suche, als Glaubender und, so können wir heute sagen: auch als Wegbereiter eines interkulturellen und interreligiösen Dialogs in Aufrichtigkeit und Offenheit gegangen ist, erscheint beispielhaft. In der langen Beschäftigung mit seinem Leben und in der Auseinandersetzung mit seinem Denken ist er mir zu einem Begleiter auf meinem persönlichen Weg geworden. Was ich ihm gegenüber empfinde, kann ich in einem Wort sagen: Dankbarkeit. Dieses Buch entstand, damit die Erinnerung an Hammarskjöld lebendig bleibt, damit seine Erfahrungen und Gedanken vielleicht auch für andere zu Wegmarken für ihr eigenes Leben werden können.

Hermann J. Benning

QUELLENHINWEISE

Bengt Thelin, Dag Hammarskjöld. Barnet, Skolpojken, Studenten, Stockholm 2001.

Brian Urquhart, Hammarskjöld, New York/London 1972 (Neuauflage 1995).

Public Papers of the Secretaries-General of the United Nations, Bde. II–V, Dag Hammarskjöld, hg. und kommentiert von Andrew W. Cordier und Wilder Foot, Columbia University Press, 1974–1975.

Weltgeschichte, Bde. 29–36, Weltbild Verlag 1998 (© Lizenzausgabe der Fischer Taschenbuch Verlag GmbH, Frankfurt/M.).

Maßgeblich für die Zitate aus dem Tagebuch ist die schwedische Originalausgabe „Vägmärken". – Eine deutsche Ausgabe erschien erstmals 1965 bei Droemer Knaur/München (zuletzt als: Zeichen am Weg. Das spirituelle Tagebuch des UN-Generalsekretärs, Knaur Taschenbücher, Neuausgabe 2005). Auszüge daraus finden sich in der Anthologie „Jeder Tag – ein Leben", hg. von Waltraud Herbstrith, (Verlag Neue Stadt) München, Neuausgabe 2011.

Biografien im Verlag Neue Stadt

	ISBN 978-3-87996-
Aurelius Augustinus (von A. Trapè)	677-6
Benedikt von Nursia (von A. de Vogüé)	681-3
Bernhard von Clairvaux (von J. Leclercq)	782-7
Madeleine Delbrêl (von C. de Boismarmin)	788-9
Charles de Foucauld (von A. de Jésus)	610-3
Mahatma Gandhi (von Richard Deats)	639-4
Igino Giordani, Leben heißt Reifen	545-8
Gregor der Große (von Pierre Riché)	353-9
Ignatius von Loyola (von C. de Dalmases)	679-0
Johannes XXIII. (von Renzo Allegri)	761-2
Klaus Hemmerle (v. Bader/Hagemann)	520-5
Martin Luther King (von Richard Deats)	763-6
Carlo Maria Martini, Mein Leben	693-6
Mutter Teresa (von Renzo Allegri)	732-2
Der Pfarrer von Ars (von G. Rossé)	793-3
Philipp Neri (von Paul Türks)	553-3
Pater Rupert Mayer (von Rita Haub)	694-3
Albert Schweitzer (von Peter Münster)	878-7
Edith Stein (von Waltraud Herbstrith)	338-6
Teresa von Avila (von W. Herbstrith)	698-1
Therese v. Lisieux (von W. Herbstrith)	641-7
Thomas von Aquin (von M. de Paillerets)	327-0
F. X. Nguyen Van Thuan (von A. Nguyen Van Chau),	762-9

Mehr unter: www.neuestadt.com

Aus der Reihe HUNDERT WORTE VON ...

JEDER TAG – EIN LEBEN
Hundert Worte von DAG HAMMARSKJÖLD
Hg. von Waltraud Herbstrith
112 Seiten, geb.
ISBN 978-3-87996-925-8

(ISBN 978-3-87996-)

BENEDIKT XVI., Von der Freude an Gott
    Mit einem Geleitwort von Karl Kardinal Lehmann (699-8)
MARTIN BUBER, Alles wirkliche Leben ist Begegnung
    Hg. von Stefan Liesenfeld (375-1)
M. v. EBNER-ESCHENBACH, Die Liebe hat immer Recht
    Hg. von Wilhelm Mühs (549-6)
VIKTOR E. FRANKL, Mensch sein heißt Sinn finden
    Hg. von Elisabeth Lukas (634-9)
MAHATMA GANDHI, Stärker als alle Gewalt ist das Herz
    Hg. von Wolfgang Koralus (527-4)
GUSTAV HEINEMANN, Vordenken und Querdenken
    Hg. von Dirk Hermann (888-6)
KLAUS HEMMERLE, Worte ins Spiel gebracht
    Hg. von Hanspeter Heinz (503-8)
JOHANNES XXIII., Mit Güte und Klugheit
    Hg. von Hans-Peter Röthlin (886-2)
JOHANNES PAUL II., Gott steht auf der Seite des Menschen
    Hg. von Gudrun Griesmayr / Stefan Liesenfeld (576-2)
CHIARA LUBICH, Grenzenlos ist einzig die Liebe
    Hg. von Aldo Stedile (568-7)
JOHANNES RAU, Einander achten und aufeinander achten
    Hg. von Dirk Hermann (778-0)
RAINER M. RILKE, Ich liebe meines Wesens Dunkelstunden
    Hg. von Johannes Heiner (760-5)
MUTTER TERESA, Wie ein Tropfen im Ozean
    Hg. von Wolfgang Bader (920-3)
NGUYEN VAN THUAN, Hoffnung trotz allem
    Hg. von Lucia Velardi (880-0)
SIMONE WEIL, Im Bann der Wahrheit
    Hg. von Emanuela Gazzotti (507-6)

Mehr unter www.neuestadt.com